U0136222

林祖藻 主編

明清科考墨卷集

第十七冊

卷四十九

卷五十

卷五十一

蘭臺出版社

第十七冊　卷四十九

君子坦蕩蕩　艾南英

○○○君子坦蕩蕩

聖人論君子而擬其宅心之象焉。蓋觀君子者觀其宅心而已。坦蕩蕩

換居字　居

而君子之所以為君子者，不盡於是哉。且夫論君子而徒詠之事類之

○客○心

末，則是不可以一端盡也。故必自其心之廣遠而自得者觀之，則前乎

○○　○起○四字括一篇○有○

○功○夫○在○內○說○括○　○前○有○了○夫○后○有○串○為○文○果○空○靈○　○不○○○古○文○手○脉

所以致此者可思也。即後乎所以為事類者亦可盡也。雖然心之廣遠

○精○論○理○一○字○講○○有○并○文○○問○深○美○自○然○

而自得也。不在一人之所獨樂，而在衆理之所共安。衆理之所共安，非

○作○此○數○實○之○理○○○○○

至奇者為之，至平者為之也。使非有坦然至平者以宅其心，而此心固

孫云此句可賊　二語可留可去　居　○孫云可

已隘而不寧矣。抑心之廣遠而自得也，又不在吾心之所曲就而在吾

皆此也　反○接○課○字○　○此○文○亦○非○至○奇○至○險○者○為○之○○○皇○平○至○易 者 着為

心之所直致。吾心之所直致，非至險者為之，至易者為之也。使非有坦

之也　居

然至易者以宅其心，而此心固已迫而不舒矣。然則君子其坦蕩蕩乎

退不爭人世之短長而嘗以至忘者觀吾心之大進亦不執已成之名
原評　兩相形負意君子胸懷如天空
理而嘗以至融者宅吾心之通塞得喪忘是非亦似僅與曠達者同其
襟期然而安時處順之意又有在於達觀之外者蓋彼恣睢萬物而棄
之以為不足營此備察事理而安之以為無可愧是不過虛然以盡日
精粹出
所之常而此心固已與天地同界矣履富貴席福厚亦似僅與得志者
自得又廣大
同其氣象然而安舒泰寧之理又有得於滿盛之先者蓋嘗則大黍然
自公之度當觀其正直而變則有赤舄几几之安當考其德音之不遐
夷然以營分位之素而此心固已與宇宙同際矣然則為君子者果無
是矣　孫云但寫出成材不與矜高材　自訢至此只用求
事於矜高為也平易之中得々謹之事故不必智慧術數而遂有以統
咲　而字讀得妙
情理之同則亦亦為象不已廣乎而其自訢不已深乎然則為君子者果

無事於侈肆也乎易之中得淡約之趣故不至羨慕力彈而遂有以收長裕之休則其為象不已甚乎而其自得不已深乎故同君子坦蕩蕩也謂其心之廣遠而自得也言其心之自得則前乎所以致此者可思也言其心之自得則後乎所以為事類者亦可尽也而君子之道畢矣

孫云物曰添　張云二化意不甚佳　黄云深而前　重一点題

此題坦蕩蕩即大學心廣体胖中庸素位而行無入不自得之意此內原有戒懼慎独致知力行工夫心存理得自然舒泰不覺稽琴阮嘯任情遺物空曠一派君子未嘗無憂而憂適憫時憂當于理則無妨于樂小人未嘗無樂而縱欲敗度樂違于理則終至于憂坦蕩蕩須緊照長戚戚講為確然六字意相对而字実不对長戚戚是常戚戚

憂戚長字是個虛字此江字訓平是個實字言君子之心無險無阻
如路之平然雖平而或不寬廣則平猶有限乃其平却極寬廣無適
而不平其坦也蕩蕩者也坦字蕩字并不宜混此文開講便見坦
蕩內有功夫作用不同莊列起處揣末唱嘆只心之廣遠自得句作
貫中實詮處直推橫爽都成至理雖对稍不稱而義亦包舉韻雄采
壯法老才曠望之海濶天空亦可謂坦蕩蕩矣嘗謂程朱氣歐蘇
之氣故其文不入大家歐蘇等程朱之理故其言不附傳注此理
到氣行道學文人一齊拱手稍覺氣衍而豪快意在此歟意亦在
此子丑尚予瘴毒泯泯此一滴楊枝之水洒巨浪以排之儀
若只在心亦形容坦蕩蕩精神畢世不出須要於天理內遡其原委

指出境界則不期透而自透而亦能下小人對面可照矣此亦醇白優游意象高遠其於題之要領則在疎密之間夫以千子為文尚有憹處不可見作者之難乎 孫若士

縱橫無礙食古者饒為之說到實在受用處委是有本之學此假上將軍沈船破敵時也狀霸氣未馭 項仲展

坦蕩說在周孔一筆人身上便非老莊玄遠可以挨入文具大學識非但作高言綺合也 韓求仲

聖人貴名教老莊明自然塗逕既殊所受亦别斯文妙析其異 葉聖野

其出論也不以研更為奇其遣詞也不以組織為工意宕詞逸自成一体 徐閣公

歷科程墨條選　元函之　子江西墨六　君子坦以六三　徐雲開

絕腐絕奇絕板絕老快必予

有才之文必須有本如此文手法當向唐宋大家來

鄭岱陽

君子坦蕩蕩

艾南英

聖人論君子而擬其宅心之象焉。蓋觀君子者觀其宅心而已。坦蕩蕩而君子之所以為君子者不盡于是哉。且夫論君子而徒論之事類之末，則是不可以一端盡也。故必自其心之廣遠而自得者觀之，則前乎所以致此者可思也，即後乎所以為事類者亦可盡也。雖然心之廣遠而自得也，不在一人之所獨樂，而在衆理之所共安。衆理之所共安，非至奇者為之，至平者為之也。使非有坦然至平者以宅其心，而此心固已臨而不容矣，抑心之廣遠而自得也，又不在吾心之所動𩆜，而在吾心之所直致。吾心之所直致，非至險者為之，至易

（徐云此次雖者不同）

（徐云此[illegible][illegible]者不同）

文得晚集　題　論語　天啓甲子江西墨　愛吾廬選

者爲之也使非有坦然至易者以宅其心而此心固已迫而不舒矣

辨晰入微此等文不得謂其有訓詁氣也

然則君子其坦蕩蕩乎退不爭人世之短長而常以至急者觀吾心

之大進亦不訛已成之名理而常以至融者會吾心之通齊得喪

徐子豈尚曉逆者與君子李問甚遠

是非亦僅與曠遠者同其襟期然而安時處順之意又有任[illegible]達觀

此一段言其居之有素

之外者盖欲恣睢萬物而棄之以為不足營此循察事理而安之以

為無可愧是不過夷然以盡日用之常而此心固已與天地同界矣

優富貴席祿厚亦似僅與得志者同其氣象然而安舒泰寧之理又

此一段言其行之有常

有得于滿盛之先者盖常則有委蛇自公之度當觀其正直而變則

有亦爲几几之安當考其德音是不過夷然以營分位之素而此心

固已與守偕同際矣。是則爲君子者果無事乎。矜高爲也平易之中得畢謹之事故不必智喜術馭而遂有以純情性之同則其爲象不至已廣乎而其自得不已深乎。爲君子者果無事乎。僕肆爲也平易之中得淡約之守故不至美盡力殫而遂有以收長裕之休則其爲象不已遠乎而其自得不已深乎。君子坦蕩蕩。謂其心之廣遠而自得也言其心之自得則前乎所以致此者可思也言其心之自得則後乎所以爲事類者亦可盡也而君子之道畢矣

縱橫無得食古者饒爲之說到實在受用處委是有本之學。此假上將軍泜船破釜時也然霸氣未馭　項仲展

非涵養作為何以成君子何由到坦蕩蕩地位但講學之與行文每有不能合一處此文前乎此後乎此諸語起訖俱極着意紗入論斷體然其理自是濂洛正旨知此更覺中二比之不易矣　韓慕廬

坦蕩蕩底學問一定要從主敬來胸中有个把柄自然寬平廣遠老莊之齊物嵇阮之放懷皆是虛舟之心隨風漂泊耳何如寔裝隱舵萬里無憂之為得也哉○有關世道人心之文不以霸氣為嫌也

君子坦蕩蕩

浙江汪宗師科

入湖州府一名吳士枚

循理乃安可極形其心之遠焉蓋天下惟理為至安也君子循之

其心之坦蕩蕩也奚疑若曰人心中曠然自得之境原只理

一者不能致也蓋以理治心常多戟就之志而以心從理自極舒

泰之形吾益嘗于君子驗之君子深知天之付我者本具無偏無

陂之則而不敢一念或入乎危君子深知我之所得天者原屬至正

至平之體而不敢一息或參于險欲其發動惕厲縱極吾覺之暇

豫而初無怠弛而其正大光明縱歷人世之嶇崎而時形坦易吾

見仰而無愧則對天而欣然也俯焉無怍則對人而怡然也心不

本科考卷文編　評語　白雪齋□

八千之即不拘乎臨存之際位而不頓乎外物不得而累之也乃者而無恐乎志私不得而役之也心不從乎險即不至于窘耳一是非故為真情以自適也正使日懸其身乎利害順逆之途而循理以行形為心役心自不為形役何所防其寬廣歟一亦非務為放曠以自舒也正使日懸其身乎是非得失之交而從天以往理為心所澹心自為理所據何所容其踟躕歟一其蕩蕩也正其所以為坦者乎盖惟其坦也能平天下之所不平則怨讟憂患自釋于[illegible]而其蕩蕩者以形惟其蕩蕩也能容天下之所不容則機械變詐亦笑乎中而其且然者益見一要其所以致此者則以君子循理故也彼

二比暢發蕩蕩

二比將坦與蕩蕩互發

縱坦字一筆

承是字一筆

歸源

[illegible]○警○引○發○肉○斜説

小人其亦能然乎哉。

只循理便自能舒泰，說定此旨，言之覩切有味。何處着一點詞蔓語，顧欲與源流洞徹，無義不到。辦此方許作短篇，非貌為先輩者可比。張魯瞻

坦蕩蕩源頭全在循理上，看透題義，故一片說下，字字精切要。朱蕙一

君子坦蕩　二句

袁宏道

聖人即君子小人而別其心之異也夫以蕩蕩視戚戚其心異矣何惑乎君子小人相去之遠哉（此聖人之言之本）夫子意謂學者貴不疚心夫以流行於止遏多不疚而使其心日為之累則亦徒勞而已乃君子何以異于小人哉（二句是體）君子者無預外之心有即境之趣是故位之所值（是用）則日用皆為有效卒未嘗拘拘於倚富貴而遂志藉紅經以怡情而出入進退蕩焉若一無所營耳矣（是用）意之所值則動靜皆為不偶亦未嘗屑屑然從事功以自快倚節義以自喜而立身行己寬焉若一無所營耳矣（二句君子憂勉亦自得是病）何者我以分義觀目前天下誠無一可避無一可避故雖世之所謂

精中集　論語　稿　袁

蓋拂意者而亦不足以攖情或偶寄懷烟月翫天下誠無一可取無一可取故雖世之所謂最浮榮者而曾不足以動念君子坦然已矣豈不篤之也哉而小人則長戚戚矣小人者寄心于物而胥去則戀先遂情于濁而濁之則殷盡天下事凡有當于我者皆欲以身殉之是故得之乎利而又恐其遺名得之乎名而又恐其失其害務其身而能自解則終其身棲棲于此中而已矣天下事凡有違于我者皆欲以身卻之是故既以遠害而又欲全節既以避訕于俗人而又欲邀名于賢者終其身無以自釋則終其身羈絏于此中而[illegible]奚有朝暇然自聽而入穩之背焦心蕩目之時自少而壯自壯而衰穩之憂矣

在小人之事小人之長戚戚。若此其與坦蕩蕩者可同日道耶。

無一字不當無一字不精。如顏魯公書法力透紙背。令人必蔓衍

題入九字何也。只坦蕩蕩最兩層長戚戚是一篇分兩半幅做。

前不提小人後不找君子。濃處用輕輕放之。寫題最真。

得 論 君子坦 袁

君子坦蕩蕩

廣東翁學使科考取
入吳川縣學一名　張天顏

君子無不自得之心，極擬之而如見焉。夫不自得心，不能以矣。丈夫其蕩蕩乎，能不令人思君子，且吾觀世有君子，抑何其無入不自得也。在我者本不爭世之所不足，在世者無由奪我之所有餘。是故君子之心體即天地之體而已。何則，人之心本無私也，而私之念常並域而居，則大公之宇隘矣。隘則公之與私將各競于其所，而無論勝與不勝，吾心已自有爲用。形人之心又本無欲也，而欲之念常爭途以出，則積理之區狹矣。狹則理之與欲將交相爲戰，而無論敵與不敵，吾心已自有不撓之勢。要見其爲坦蕩蕩乎，若若予則不然

君子心心主乎敬者也吾心之紛紜擾攘有所主則自靜是故戒懼
慎獨之餘君子若自闢一坦途焉蕩蕩乎仰無愧于天也俯無怍于
人也人世縱有憂虞君子臨之自與之攖矣則惟此主敬者有以自
適于從容焉斯已矣君子之心一于誠者也吾心之偏黨反側統于
一則自平是故博厚高明之際君于不啻自有其坦懷焉蕩蕩乎可
所賜于天之高也何所賴于地之厚也人情縱有倚否君子固無自
與之緣矣則惟此至誠者有以自安于舒泰而已矣安與危常
之有舍危就安而安亦危者求安于事也居危辭安而危亦安[illegible]
安于心也心全則物不能累雖無故有意外之投而君子終不改其

件與僾淅之致伸與屈又何定之有理可伸而心不能伸者心與理猶有離合之迹也心可伸而理自無不伸者理與心固有成習之也心定而境不能搖即畢生無自適入日而君子常自任其之光明之體是故君子在上而鄉寅揖患掃然行所無事乃至共繇于與志狀同朝菌禎可與黎民同野蕩蕩乎愈覺藏之責君子在下而谷汲汲錄坦焉若將終身乃至堯舜可寄于耕莘揚可寄于釣渭上乎愈覺規模之遠彼小人者不足以語此

有說着見理處為此題所難　原評

體認切至入理泓然非有本領者不能而起股之精刻末幅之奇

警亢令人歎絕

不動心者

直省考卷篋中集　論語

君子坦蕩蕩

張天顏

君子無不自得之心必擬之而如見焉夫不有得必不能坦矣必未能蕩蕩乎能不令人思君子也哉且吾觀世有君子抑何其胸次而不自得也在我者本不爭世之所不足在世者自無由奪我之所有餘於君子之心則即天地之心昧也何則人心本無私也而私之念常並域而居則大公之守險矣臨則公與私將爭競于其所而吾心遂有險阻之形人心本無欲也而欲之念常爭途以出則積理之地狹矣續則理與欲將交戰于其中而吾心遂有旡穩之勢則亦安見其能坦蕩蕩乎而君子則異是君子之心主乎欲者也吾心之紛紜

惕惕有所主則自靜是故戒懼慎獨之餘君子若别有其坦懷焉蕩
．是仰無愧于天也俯無怍于人也斯世縱有憂患窘予固無有與
之擇也則唯此志致者有以常優游于日用之際焉已矣君子之
一于誠者也吾心之偏黨反側統于一則自千是故遵義遵道之際
志于若自體其坦遠焉蕩蕩乎何所獨于天之高也何所責于地之
學也人情間有悔吝君子固無有與之緣也則惟此至誠者有以審
清與于飲食之間焉已矣故君子而在上則與共吁患惟然若有無
事乃至共縣可與岳牧同朝嵩頌可與黎民同野游上乎丈德如乙
安徙不之其稷戟之慶天鄉君子而在下則谷汲山何以然若將終

乃至舜可托之于耕鷹揚可寄之于釣蕩蕩乎衢歌擊壤遂愈有以形其局度之寬容彼小人者豈足以語此也哉

凡作君子小人並列題作本句須對針下句方徑堅、敎得洒脱深意若只在本境發揮便無關繫篇中開講及起比中比與從閒頭推勘一二與下文對照末比推到歸宿道得君子景如此意況為先從破題來然承題得如許精刺爽韻

君子所其無逸　秦靖然

以無逸進王勉其作所者而已蓋非其心之所安則逸之來有不自知者公欲王之法君子也曰古今王業之興其經營殫瘁各迪有功罔存乎自致也而其所用心恒歷世而如一焉則惟君子乎（落君子自然）撫輿圖而定業不徒恃元后之尊宅天佑以臨民何在非憂勤之意君子殆所其無逸者也（端莊雜以流麗）綱紀而既設矣明廷而作之或燕處而弛之也可若何勿謂可私凜諸帝鑒勿謂可安顧乎民碞非好勞（總是無筆不活）也必如是而其所為有定也臣工而既集矣庶府而興之或幽微而廢之也可若何勿謂至靜萬慮以後之勿謂甚近百年以貞之

開守二義括盡下文

非過厲也必如是而具所為無失也在開創之君子啓佑後人固不敢以或出于優游者忘乎其危而自享其安在守成之君子纘承先緒亦不敢以或隳于豫怠者人為其難而我為其易而君子之作所何如哉則稼穡其先務矣

其整處不板其徑處不平先正典型于斯未墜

君子哉若 三句

河南胡學使月課 歸德府學一名 宋 筠

德之成也有由取友之益大矣蓋惟魯多君子若人所以能取之也

（穎○慧○嶄○然○）

不然而何以成其為君子今夫一伎一業苟有可觀必相與反覆差稱而致論其淵源所自況其在行已立身之大乎是故事不虛立名不倖成人第樂其行能之已就而忘其致此之由究未深解乎此中之故者也

（張云信魯多學妙）

予觀魯國中彬彬有君子之風者甚人人其選與以若人之生于魯也此邦之人僉曰若人之砥行立名匪朝伊夕矣久矣君子抑何可法而可師乎以若人之長于魯也彼都人士咸曰若人之幾名成業亦幾歷歲月矣言念君子吾其是則而是傚乎若是乎吾

（天○然○下○截○有○深○）

（則○旨○）

直省考卷篋中集

論語

兩然實以待後之

魯而有斯人也諸君子所辨不較也吾魯而有斯德也諸君子所讓

於進也亦誰不欲之焉有取于若人也哉抑知若人所以致此者固

正兩發要旨二小股以下只如題反繳

自有所取之矣儀規儀切之際有人焉為之引且翼也善則長之夫

則效之相與薰其德者何限也誦讀講習之餘有人焉為之指且授

也奇則賞之疑則析之相與集其益者何窮也蓋以魯多君子故也

博發於然六

不然而大雅其不作乎問師事而無人矣問先事而無人矣不然而

老成其凋謝乎欲請業而末由矣欲請益而末由矣于是有離羣之

感于是有索居之歎風雨晦明若人寧不與悲于蹈之抑且有孤陋

之傷抑且有寡聞之誚攷德問業若人寧不致憾于其之將謂千載

以上之君子歸琴循可睹焉吾誠以尚友而取之何恨我不見古人也然而勞矣將謂于載以下之君子聞風當相感焉吾誠以私淑而取之何恨古人不見我也然而難矣即使特立獨行而寤歌一室亦可永矢而勿諼然取諸已者止孤芳以自賞何如取諸人者欣所美之必合也又况朝暮取之非一人也縱令尋師訪友而命駕千里亦且相得之甚歡然取之遠者或阻長而莫致何如取之近者坐形迹之俱忘也又况左右取之無不宜也向使魯無君子若人即欲取之以成其君子豈可得哉吾是以觀斯人斯德而深幸于魯多君子也

焉雅之筆自饒流利可謂飄如遊雲 張青甡先生

筆致輕圓。風調俊逸。且能步步合法。令閱者擊賞不置。汪武曹

安頓上句。能關會下截意。而不失之侵占。最爲得手。以後股法

氣相接。亦有雲委波屬之勝。李百藥云文筆如露下芙蓉。月中

楊柳直是清絕無半點風美也。

君子哉若　一節　顧三典

以君子許賢者、而深韋其有所取爲、夫子賤之君子、果必由學之君子乎、要其取之者則已久矣、夫子蓋有深韋也、而言曰甚哉師友觀摩之益、不可一日而無也、其始也、進德修業、無事不有賴焉、而其後也、雖極乎時所得力者、終未嘗代我而受其名、是以吾黨讀人、既樂其後之所成就、而必爲之推厥由來、以誌一時相與之只說

（逆寫一下蘊藉搏首句不但語妙）

夫人所成就者、至君子爲是矣、而往往誰之何與、蓋使舉世皆君子、則雖有不爲君子者、處乎其中、亦不難以相化、而此風既不可必得矣、抑使一人欲爲君子、而即有眾君子者出、而相助亦[illegible]

（爲君子參明矣斷前句引已反勢起下意）

顧有常真稿　論語　辛酉

必於有成而此事又未可倖邀矣此君子之難其人也乃若人之
所能如斯則真君子矣若人其生而君子耶非生而君子則求至
伏斯字
于、君子者將必有人事焉而今抑似有天幸也若人非生而君子
跌落無痕
歟苟生而君子則來至於君子者將推其天分焉而今抑似在人
茶
爲也明以魯之有居下也則以魯之有君子而斷之取之也凡此
有所取必有所與彼魯君子曾何所與哉想其躬行心得必不然
爲操贈之具而以若人左右其間若人益矣魯君子豈大損也庶
魯君子從不難盡出其藏以與若人相砥礪而若人弗遜而採爲
其亦無如何矣是魯君子雖能與正不如若人之能取矣凡物有

所取又必有所舍彼魯君子亦何所舍哉想其性情學術非可等諸推解之資而以若人周旋其側若人日有餘矣魯君子豈有不足也且魯君子鮮不雖自秘其修坐觀若人所造就而若人已隱受其益焉亦致述樂矣是魯君子所不能舍抑雖禁若人之能取矣獨是魯之君子當其束躬砥行豈盡有所效法而然（八面俱到）而殫夙夜之修遂爲若人效法之地（此意亦不可少）抑何魯君子偏勞而若人偏逸即若人入日使其獨處藏修豈不足儀型於世而殫深造之功必奉魯君子爲儀型之極豈非魯君子爲之前而若人乃得爲之後魯無君子者斯焉取斯則甚矣魯之多賢而若人亦澗善於取也哉

碩有堂真稿　論語

曲折寫出能不半容雋狀正如題妙此說勝六耦評語也余尤愛其前路不空發首向又不侵佔下截脈注題後筆落題前想作者於此亦極經營之苦

[illegible]平識

君子素其位而行

乾隆丁丑　許承蒼

道即位而存循其素而行自切矣夫不先不後而位有素要素即道之所在也君子行所當行其位中不確有可據者乎且道為制行之樞機而其實與人之本分相際此必各判夫先後所處之界而後可以奏析辯於其間焉身日與境為緣境每轉而莫定惟所轉各有其目前之致使行非滯乎境而能與境推移斯即境即行而君子之當行見矣君子者體道之貴以任行之責者也一名物日綴於紛賾豈有可測之知能而分以有權欲其專營不得不為分屬形骸之寄託實各付一範圍之準以靜函其才能萬境口事

其遷流豈有一端之可飢而遁機迭運遷所代謝即為事所乘除身世之周旋實時具一飛耀之機以待譏於當境我觀君子權衡於萬物之上而措願必約其歸亦斟酌於一世之中而適際悉憑其實蓋誠見我之有位而位以素為定行即以素為急一當世適道之迹出其身以相揆而不必皆吾向之所經必就已經者而為吾位之固然則將置諸閱歷未到之區而行反多未諳矣君子先沉寄遠思深未當有位以明道既統衆位而總攝其樞自際一位而實還其分循循於自靖之內而前者已逝後者未來此中之真際已畢出而課厥成也斯其所措施為獨切矣造物玉成之故有其途以相嘗而不必

盡吾身之所便必狃甚便者而謂吾行之所習則更無有萬難自諉之處而位亦已多臨矣君子即位以見道而道之體隨地有分端自位之來所際皆實境依〻於自至之遇而據之非奢守之非狹常義之順應常周盡而曲為中也斯其所體驗為最真矣蓋字內猝投之事置我悉見因材故以位責行〻難盡適而以素定位位無不平據現在之情形而觸處具見從容之中況人生纖悉之遭投之境吾大業故位中之素遞相為續斯素內之行亦日起有功守當前之節次而順受無非專盡之常要之位限乎地故素即地而呈素乘乎時故行隨時而著是行於素得旋轉之機亦於素

本部小題文達　　　　　　　　　　　　　　　　　　　　許治宇森

具分明之界矣。而又何顧外乎。

撥僞𢡟字深入題出先從明道即位見道講行字何等着實精

力彌滿。正爾骨節珊珊。　黃正衡

寔還題之分際。親切透亮。無一浮詞。　周玉堂

君子素其位而行

謝人驥

位立而道存可以觀君子之位行矣蓋位原有當行者在也有其素而行之斯為體道之君子哉今夫道之量極於廣大而不得所為持循則當前之地反虛而無據也道於人有其體而不著其所致力則日用之間衬涉而不有也是故不離道之君子以為於此有位焉人不能離物而獨處位所為授之範圍也然物至而道至則位之所居即道之所俱而處之必有其宜矣人不能一事之不親位所以端之祈嚮也然事至而道彰則位之所乘及即道之所絕而由之必有其要矣即其素以為行君子之求盡乎位者其

精要語

何如哉天下之遇從事前而豫料他日之數施措無不自爲徵狀期若何之稱職追遇既及身而此日體驗之下更不能一有所用是事內之經營反不如事前之周至也不知位爲吾位則刻備之（位字竪說）數既得於親歷位爲吾素則曲折之端方可以徐詳乎其遇斯盡乎其常正以事中也而經營愈不可懈已天下之境從旁觀而揣量當時之變態類能悉意遠思而然任事之不詳及境在當躬（位字橫說）而平日擬議之神遂不能一有所效是當局之究圖反不如旁觀之切至也不知位而出於素則一時閫畧後來之悔何追素而爲其位則一念曠瘝幽獨之咎誰執屨乎其境斯稱乎其分惟爲當

号也而究圖自不容寬已蓋厚君子以性命即試君子以遭逢却身世之交原別無所謂學問故職業既有攸歸踐履方憂莫罄而倘來之遇視如固有偶然之寄亦可終身循率履於不越則素位之行即君子率性之道其君子之道德即有君子之經綸合閱歷之故亦別無以見聖賢故遇合雖非一途時來有其各正而非常之報獲若意中無故之加引為分內適變動於不居則素位之行即君子時中之用一人惟接一物道雖無窮要必隨其分而自足一心難謀數事理雖皆備惟在即所處以見功故曰行道者行乎位也

深下開墾之言

館課　五十九　中庸　初刻

剝膚見骨。純以質實勝。絕無一點浮囂。端木賜教

君子素其　謝

君子素其位而行

湖南攸縣胡學　羅世璋
師月課一名

君子以位程行賂其素也夫行自素耳行而與之素焉非君子曷克治其素歟今夫身與事際而行出焉行也者原以使人之才力（骨脈以深文氣亦為峭卒）有所寄斯不至虛而無所放者也顧事之所効必適中乎其事之所宜而後域乎其居者亦有所以域乎其行夫如是分量乃適相當而無一之或溢何則逞吾才之所及其足濟我行者非不甚奢（沉細而度亦閒雅）然而蕩軼之乘即本量之踈也是必審其所處切者以為準始可專以相赴肆吾力之所能其足快我所行者非不甚便然而巧利之投即內貞之汩也是必據其所現在者以為衡始可堅以植遂

蓋行視乎其位而位視乎其素我思君子矣君子知位之所冒皆

天性二義確鑿不刊

由天定使天之所受在是而欲别開一徑以求通是左之也夫左

反刺行險意

之何如順之之為得乎蓋位每分其類以試我業不能以一身與

行字有至夫而字方見著落

為遍履則第就此天之所予亦有行之而不盡者焉動作云為囿

非適如其當然之數稍越焉君子必大不暢於其天也而位中斷

消交暢之行矣素矣君子知行之所運皆緣性始使性之所流在

則不陵援

是而姑自寬一格以為營是遥之也夫遥之何如固之之為得乎

並則正己句

蓋行屢出其情以嘗我業不能以一身與為周歷則第守乎性之

所貞亦有行之而足多者焉日用云為囿非直完其本然之體稍

濟焉君子必大不安於其性也而位中斯有各安之行矣素矣精

神可以無所不至專而輸之一途則有所不至者而其至獨真欲

緊扶不頗外意

萌其前後合轍彼此同情而君子究不嫌其泥蓋既爲位之所在

雖終身一行亦且安之若素焉夫固以我爲帥而權不移於旁落

智慮未必無所不用實而任之一方則有所弗用者而其用乃摯

縱有時前後互異彼此各殊而君子究不疑其泛蓋苟屬位之所

信須是活的物事

在雖日更一行不嘗處若素封焉夫亦以我爲基而理不奪於外

所以無入不自得

誘是知君子之心固變動而不居諒不必以安排措置者致惱其

胸臆而君子之行自得主而有常亦豈遂以紛紜馳驅者致亂其

聰明所以然者位之外皆非素非素即非行也世之願外者可以返矣

冒章一句已包舉全義能從不位暗覷下旨却妙不溢不支既精刻亦流利非湯爾操觚也鄧太初

君子素　羅

君子矜而　一節

壬戌　陳作梅

法固而不任私矜與爭所以必歸諸君子也蓋極矜與爭之弊勢必至于爭異黨同而且不爭不黨夫然後足以見君子且自人心有正理而并秘和平之用著焉調其用于無偏而不泰以一理則其身有必峻之事義而天下無不通之氣類乃知乎交消而珍職氓物庶之交自有其真而必不事矯異苟同之舉竊其似以自便而一洪所必辨者公私之介而特避假公以濟其私則堅辭御成乎果斷而見既易伏于謙沖論世者所以誅其意而必歸其功于正任乃覩下交不瀆之人其所必執者操欲之樞而特惡挽欲以開

子理則嚴厲爲剛悛之見端而獨庇亦公容之流集讀史者所以

要其能而必核其寔于千古自待萬物一体之内今夫舌有秉要

曰矜德有鄰而曰羣此國儒者正本清源而謫爭鋤黨之謂所由

清也我思君子矣范物不于我以委靡之骨而堅白自珍後世猶

傳其磊落之標凡以君子固自清誠正之學問也夫節概不身則

夫瑧必無事業精神不動則名教安有仔肩當夫大義所關營本

顯身君子亦有時而必爭矣然激昂之氣出以嚴翼之意而害乎

則有魏力無難心而驗風操者不难于懷清嚴深之時益徵其量

慈萬類共相遊于樂易之天而撫掛可觀斯世俱托其懷慎之度

凡以君子閒自有渾厚之情也夫動以不背慊人則剛心燥者
蓋或乖於勢伍則覺物太嚴当夫小慊不避忍傷其類君子[illegible]者
時而以驕矣然愛護之迹戟以竟羣之衷而忍心則有同[illegible]閒
謀而從詳究者閒可于分門別戶之外共白其無他是故節義之
閑亦自尊而刻雅之趾高氣揚何補於僞道德之應求本於而實
小之嫌角之跡然屬張行以是於矜羣之不可謬托也是夫無爭
者亦自蹈不黨之黨者亦自處不爭也不知執己見以害患良
比娛人漸以樊法度其流有不可勝言者如彼稟然難犯之君子
猶是藹然可掬之君子已耳不被動以可搖之勢則疑術滋深可

春剛不噬理介一貫為意推本益發擧最是

聽盈廷之聚訟不予人以可竊之私則中懷坦白不關晉幕之乞

憐以是知爭黨之可以自泯也且夫不爭非為植黨之計不黨非

為辯爭之地也亦謂營好擒狀則皎皎易汙隨和隨声則佚佚亦

君子正身處其蔽泰曲淳言

臨其端不可不早杜者如彼善氣迎人之君子欲紹古道照人之

君子已耳故曰任理而不任私也

大註本有然字一折張南軒輯慶源餘緒之而艾千子乃謂君

子是矜不是爭是群不是黨不可將矜群說得有幾畢竟只道

得一半唯黃際飛謂爭黨之中必繼矜群而矜群之弊容或坐

然爭黨其說較圓懸謂矜群是一圖天理稍一過界便入人欲

而不二字。正見君子學問深醇。挈提得住。必到不爭不黨纔是真正矜羣。若爭黨人泥念。便差去矜羣奚啻萬里。徧閱是題文。殊少合作。此乃毫髮無憾。殷會詹

看得四頭如眉分角立。於註中然字一折。仍不拚殺。絜根史斷。辟震地。光爆天。紀曉嵐

君子疾夫　之辭　　王　靜

飾辭以諱欲者。難免於君子之疾矣。夫既已欲之。固無可解之辭矣。（力、不、類、子、失、毋）乃舍曰欲而為之辭乎。君子之疾。有以也。惕冉求曰。貪廉之辨。一舉動而可知。誠偽之防。一話言而必凜。故人之躬蹈於貪者。苟無飾詐之端。猶可獲原情之論。不然。而變曲以自文。非特莫逭其貪。抑更難（即伏中二比意。蔂認真看了）覺其偽也。顓臾之伐。非季氏欲之耶。求柰何以自後之憂為辭也。求（得机得勢）豈不謂明言其欲。則將見棄於吾徒。不別有辭。斯難解矣。於衆惡若（原評下九字只須如此點清。逆摸上四字。何等緊凑）是。欲可舍矣。討誠得矣。辭可為矣。術更巧矣。而獨不知世有君子（原評極於此一齊搖字乃愈留得緊）乎。叔季之人。情寡廉而多欲。君子知之稔矣。而不意欲之者之更善

蓋其欲也使坦然共白而猶摘可加在君子尚冀其有悔悟而前○起○一○股○以○二○句

必舍所欲以自文此其欲伊於何底乎人藏其心不可測度君子疾○原○評○此○二○股○而○

○不○放○鬆

其鷙已象族之圖謀縱欲而忘義君子見之熟矣而不意為之辭者○原○評○以○出○為○入○者○尤○折○服○

夫善舍其欲也使一辭莫掩而驚顧難安在君子猶冀其有圖新○手○○原○評○此○

之路而必為之辭以自遁則其辭更可窮詰乎巧言如流陽躬庇休

○三○深○並○發○從○重論

君子疾其才已雖待人以恕有道者之素心獨至舍所欲而為之辭

○疾○其○辭○正○是○疾○其○欲○一○層○

則巧以成其貪矣似此而不禁焉將澆饕食下國者王章不得而懲

○併○出○最○合○章○旨

兼併諸侯者國法無從而討皆此舍曰欲之者曲為庇也故君子以

清議之持嚴黨惡之罰而豈能任其徒之惰王況疾惡如仇守正者

之索顧苟其含所欲而矯之辭則姑以濟其慝矣長此而不斥焉其

原評拔異震地光燭天

欲之至極

原評斷案森嚴

至神器而窺覦為禪受之命放桐可託附於訓主之大旨此必為之

辭者階之厲也故君子以忿嫉之意寄斧鉞之誅而豈肯隱其為鬼

為蜮求乎爾復何辭也

題語一氣讀下九字只在上文不必多着筆須就此發明所以見

疾之故他卷每以寬衍失之惟此逼肖題情一棒一條痕一摑一

掌血　原評

題有兩重公案欲之是一層在前七節含司而為之辭是一層在

此二節以題句論之則第二層為主而以章旨論之則第一層尤

本朝考卷含真集　論語　　潤碧齋定本

屬根源。不可縱也。文獨一氣迸出。于第二層中聯繫第一層之義。

思力透闢。橫掃千人。　潤川

君子疾夫舍曰欲之　依原評點

汪文宗歲試取進惠安學第十名　王大海　漢通

君所欲于不言、難免君子之疾矣、夫季於顓臾求已、曰夫子欲之（提明欲之三字）矣、乃舍之不言、能免君子之疾乎、且人臣惟能匡君之欲、則事可對人言、無見取於有道耳、不然者、業不能禁止其欲、則引身而退、使人明指其欲焉、猶不失為自好之士也、若乃中藏叵測、口與心違、抑又口與口違、作言之而旋諱之、其不堪盟幽獨者、又何以獲容於有道耶、求乎而言不取、必為子孫憂、蕭牆者、夫子欲之之言、而忘之乎、吾以為非憂之實、欲之也、一凡境也、有涯、而欲之遲也、無涯、分疆畫界以來、各君其國、各子其民、恒有止而不過之義、而欲之

（承頭緒極清）（洞勘破的如燃引針）（木以憂字掩上欲字）（對針貫）

橋園試草　奎社

○務○謀○動○干○戈○不○安○不○和○意○已○在○帘○囊○

則必求溢其數焉此主之者咎而亦輔之者之咎也微求言而聦聦之思路人猶將見之矣凡機也方静而欲之熾也難静同寅協恭而後大小相維强弱相卹又有合而各正之義而欲之則輙樂聞其禍焉此為者之失而亦道之者之失也自求言而逐逐之營

○合○併○坐○在○冉○求○之○見○舍○之○其○言○語○掩○飾○之○罪○

吾黨尤共聞之矣若然則仍曰欲之已耳安得舍而不言哉孰意始也舍二臣而言夫子繼也又舍夫子而言顓臾並其欲諱之噫嘻其亦見疾於君子矣列國之風尚見利而忘義君子有深惡焉

○一○折○便○醒○

所尤恨者有欲而偏諱言其欲耳夫誰主東蒙欲之而將殄其祀誰臣社稷欲之而思覆其宗其情尚得諱乎茍欲而能去諸懷將

有轉圜之美乃欲而乍緘于口詎有直諒之誠也胡為乎前言甫畢不難發之自我收之自我此中之厚貌深情何必姑懸其案以俟他日之論定乎有絶之已矣叔季之人情棄廉而就貪君子有深尤焉所尤痛者有欲而並絶不言欲耳夫臨以先王欲之而敢干其命衛以社稷欲之而忍遺其憂此意又誰欺乎乃欲而諉其於他人已非代主受過之義況欲而掩其跡于弗任且有彼罪[illegible]之嫌也胡為乎前後易辭可以言之自我置之自我此際之[illegible]意遂迎猶得姑恕其情以期後日之補救乎有斥之已矣夫臣之防君猶虎兕也欲而縱之已出柙矣乃舍曰欲之則不惟縱之

可疾處即就上文相形勘出題意已透

寬筆反逼愈緊

借上說入都是本

考卷草　奎社　君子　王

君子疾夫舍曰欲之　王大海（漢通）

並諦其出焉君子將明萬世之是非寧得竟寬一日之授畀臣之愛君則龜玉也欲而任之幾毀櫝矣乃舍曰欲之則不惟任之且隱其毀焉君子欲伸千古之大義寧得不嚴一巳之譴苛欲之巳危舍之而並匿其危也情已秘矣欲之既顛舍之而並沒其顛也意亦譎矣又從為之辭豈非君子所深疾乎

大師桐汪老夫子原評　脉絡分明官止神行

授業雲老莊先生評　䚕下惠字抉出欲之二字真諦藤不泛抒思瑩華利雷霆走精鋭氷雪淨聰明

君子疾夫舍曰欲之（依原評點）　汪宗師歲試取入方元（壇長）

惠安學十九名

舍其欲者情獨閟（豎二、篇意）早為君子所疾矣夫求於所欲因見責而始舍之將以為情之獨閟也而豈知其早為君子所疾哉且天下藏巧（軒豁）之士機變環生自以為術之足據也而不知其蛋令人以可憎何（據上申斥語緊慣鍊）也肺肝如見在一時不能動無過擧又不能引以為咎乃獨鍾其情以曲掩其私意之萌是秘藏之有術也抑見攬之有由矣如求（仲宿鬼宕）於顓臾而乃以固而近必為子孫憂也夫東蒙之主而何以言（緣上脈喚明看出舍字方）社稷之臣而曷以云近邦域之中而奚事為憂揣其心固明明有（有寔落）所欲也轉移之念窮而思遁故偶欲自護之事而既已苦于無端（嬰繫　叩寂求音攫取舍字真面目淵然意足翛然神遠）

則理以屈而善藏雖即知其事之未當而本志變遷之下暫且隱
其用意以相托詐偽之情迫而驟生故猝然折服之時而無以妙
乎其轉則念反誣其所起雖亦愧夫意所未安而私心刺謬之餘
妙緒抽出不攢拾攤
並將叛其真情以求勝隱求誤矣求將為君子所疾矣夫胡為於
渾雅
所欲也而頓舍之哉恒情之易溺也莫非一意以相將而默叩諸
警甚制勝
中必無初終之異致益之所欲何竟初終之異致欲寸心可料已
咳出汁漿如麻姑
明露貪啉之意念乃獨謀私室不會深情之若揭而我聞有命抑
不攢攢
又不敢告人也蓋籌及于固而舍夫所欲籌及于近而舍夫所欲
想定既意縮入透出
籌及子孫而舍夫所欲此中之所欲惟所欲者知之將亦惟所欲

者稔之乎而奚勿屢念于君子也耶（波瀾一掉）蔽錮之莫返也悉本中懷以俱傾而與為憑依豈有先後之殊情慈之所欲何竟先後之殊情欤隱念所挾實豫窺覬覦之情形乃狡焉思啟不啻寸衷之丕著（用本地風光運實處仍見虛活）而彌縫其闕且幸掩蓋甚工也蓋欲之而偏舍之曰固欲之而偏舍之曰近欲之而偏舍之曰為子孫憂此中之所欲惟所欲者喻之亦第惟所欲者領之乎而奚勿與思于君子所疾也耶事開闕剪之大則詭譎之情不可聞而茲之結念孔昭者隱護其本有而（微至語）適增其慾一揭中藏不堪自對也縱在君子或多寬宥猶不可設（挫折）（前面君子繞是一放此處委婉取致歷着閑徑）是念也而況乎其為素昔之所懲也哉業著擅興之罪則狡獪之

嚴陵試草　君子　方二

自懷當自釋而兹之謀猷是底者隱冒其遺心而徒形理短撫裴自問何堪內課也縱在君子或見多情猶將於此務去也而況乎其爲深情之所絕也哉求乎爾亦自悔其失而無用爲為逐辭爲也

汪大師相老夫子原評

莊雅融卓

葉師敬老林先生評　全力搏捖具有作家風骨

棠師衡老高先生評　歎浅心裡勘出辭倸口中傳来閲認有識跟攄疏通不必有意留下而自無不留下也喬皇警動殊堪一懺

明清科考墨卷集

○○○君子疾夫舍曰欲之　　朱　嵩

知君子之所疾、而季之欲不容諱矣、夫君子非刻於律求也、然季實有欲、而顧可諱乎、求奈何不直言欲之也、且人臣之謀國也、法紀至嚴不可紊也。恃有先王名義至重不可干也。恃有君子夫天下貪縱之念決不能自匿於君子之前、若之何竊為人臣而掩覆之外、已無（一○氣○折○出○筆○力○甚○遒○）餘術也、今季氏之謀取顓臾也、求之言曰、季將為子孫計也、然而季非徒為子孫計也、乃君子於此不疾季而疾求、何也、兼併之謀、流不（頑前○○廢）能遏之於前、又不能挽之於後、君子將責其戀匡救之誼、縱不獲自效、其力猶不至代匿其非、君子厲誅其志、是故君子為求計、夫亦曰斯舉也。豈其果有後憂。特季之欲使然。而求之言何如也。君子惜求也已。而疾求謂補救無期。此亦庸人之常分。君子斯惜之矣。然而無可惜也。使求誠可惜。則季之欲。奈何不直拾之也。君子恕求也。既而疾求謂献納無聞。此亦具臣之故態。君子斯恕之矣。然而無可恕也。使求誠可恕。則季之欲。奈何不顯攻之也。求之心既不慮王章。寧獨慮清議。正惟清議之出自君子者。視斧鉞為倍嚴。求之心既不顧國法。寧獨顧名教。正惟名教之掄自君子者。視誅伐為倍重。極求奉季之志。則必且順季。然利人之土地而思奪之。世之君子必有誅其貪者。求不能曰季廉也。而竟不曰季貪也。極求尊季之情。則必且英

（旁批：少陡接。愈緊愈緊。推開一步。冷而毒。）

季然覬人之宗社而思攘之世之君子必有論其罪者求不能曰季

功也而竟不曰季罪也師友之前尚可面欺即何論君臣哉求非面

（議論錚錚）

欺也而舍曰季之欲乎吞併之漸尚可曲諱即何論篡竊哉求非曲

（點出）

諱也而舍曰季之欲乎要之季實有欲求何能掩而徒以此見疾於

君子也則甚矣求之愚而在於計也夫

題語本兩層神情却是一氣直下欲之句又須留不了口吻難處

不在位置而在貫串也能於頓挫疾徐之間曲盡語妙筆湊道折

不減釵腳漏痕

君子疾夫舍曰欲之

汪學院歲進惠安學二十名　李培元　振初

諱其欲於不言者、君子所深惡也、夫顓臾之伐季氏、寔有欲之也、乃求則舍之而不言、豈非君子所深惡哉、今夫人有貪得無厭之心、同堂質辨、真情反置于勿論者、非不欲令人以莫測、豈知情之（爲之辭已在句下）所在、已昭昭于當前、寧得以置此不言、可逃識者之痛悼乎、如求念顓臾、曰固曰近、曰爲子孫、求豈無所欲哉、夫人意所弗戀之事、始以眛然爲之、繼必以漸然置之、原無先事經畫于意中、（將承上數節反結中爲子孫夏憂之言以藏下）求於顓臾、果無所戀乎、（句只是反撥本位）陳師鞠旅、寔引翼之、縱絕口弗道、終難掩稱戈釁國之罪、抑人心所不屬之端、已過舉於前、則弗復置喙於後、原無

當前藏匿其隱。褒求於顓臾。豈無所屬乎百計圖維。定左右之雖
推諉自覆。亦莫蹇狡焉啟疆之情。求乎舍曰欲之有不為君子之
所疾乎。彼肆蠶食以恣〔貪〕顓然之非。眾共棄之。無待君子而莫不
共揭其微者無論矣。顓臾之伐何如乎。明知為東蒙主之不可欲。
而乃舍之。明知是社稷臣之不可欲。而乃舍之。明知在邦域中之
不可欲。而乃舍之。匪不自以為奉令承教。幾幸無罪也。義所攸關
〔舍吐舍舊鄙從心下句摹想出舍曰欲〕
置諸弗論。取非其有。情寔無他。而肺肝已如見。君子早深疾其隱
〔之情狀題解乃得〕
已揶逞奇謀。以闢土惟利是視。眾共聞之。不畏君子。而敢於自誇
其能者無論矣。爾夫子之伐顓臾後何如乎。無異陳力不能而圖

已舍曰欲之無異危而不持而固已舍曰欲之無異顛而不扶而固已舍曰欲之匪不自以為靖共爾位正直是與也無忝所事職有難逃不貪是謀心差甚信而寤寐所不忘君子又早深誅其意已一勿謂君子之待人過於刻也夫貪貨黷武雖正直所不容使其（一節與下句作反射之勢）直吐當前急圖所以遏止其甲兵則始雖有欲而其究卒歸於無欲君子寧不從而怨之而求何獨於此蓋藏之甚密則其中之巨測者豈復可問一勿謂君子之責人嚴為嚴也夫開疆啟土自何國之蔑有悖其大義既顯煥然轉思顧畏乎舊章則卽不言欲而其中竟弗敢自遂其欲君子寧不從而原之而求何獨於此曲諱之甚

深則其意之所存者詎不可知嗟嗟匿情欺世欲縱欲揜於目前

初貪讟無厭疾已不免于人世其為之辭也亦適以自發其覆耳

汪宗師老夫子原評

吞吐下句摹寫本位寫全於半允稱合作

賦得野篁抽夏筍　得篁字五言六韻

猗猗傳美盛籊籊應時踰節寔標貞操心虛竊野篁凌雲將

有候映日豈無光出地根盤固穿泥氣茂長萌芽初夏見弄

影局秋香

聖世栽培厚清晨引鳳凰

君子疾夫舍曰欲之

汪文宗歲試取進惠安學第八名　吳啓會嘉懷

不明言所欲宜見疾于君子矣夫顓臾之伐實季氏欲之也求乃舍而不言其見疾于君子也固宜想其責求若曰爲臣者苟能匡君之欲而杜其貪婪之思則臣心可告無罪亦何致旁觀之譏誚哉惟是貪得念勝覺置之不論有識者於其利心之動有不能爲諱之者寬其責也今者顓臾之伐季氏實欲之求亦直曰欲之可耳而乃不然雅求之意實爲季氏謀萬全之策因而慮及子孫一似師非無名而難指其貪利之實鄉爲季氏原專征之故因而圖及後世又若事非得已而過異乎無厭之求若然季氏之欲求固

與謀也而顧舍曰欲之乎君子於此能勿疾之哉非有覬覦之念動于中無端而加以責備在疾之者有所未當而受之者有所不甘若顓臾之伐季氏其果無覬覦之念乎乃不以直指而偏以代諱即此代諱其欲已顯為君子所窺曲為附和胡為乎指摘之加知難免矣苟其征誅之舉合其宜忽焉而深為刻責在聞之者未必心服而疾之者不免太苛若顓臾之伐求思季氏其真有征誅之宜乎乃不以專責而反以自匿就此自匿其欲已先為君子所視恕其誅求更何謂乎擿斥之及有必然矣藉令當日者征伐之起事屬季氏而爾苟直明而不諱則咎有攸歸君子未嘗不為爾

恕也而奈何其舍之乎明明義所難安而多方委折猶且藉口不言即使季氏撫心自問胡以自解于局中抑當日者剪滅之謀始自季氏而爾或轉議於吾徒則責有專屬君子豈必獨於爾斥也而若何竟舍之乎明明議所難逃而依阿從事尚復膠口不傳就令求反而自思何以代解于局外蓋內中利心而外托良輔君子直諫意維嚴迫而成寸心之斧鉞陰用謀爲而陽欲掩覆君子即微情曲摘默爲懸無象之痛懲何也求果非欲固不得而責之求而果欲亦不得而諱之而何以舍之夫求也而第舍曰欲之耶

大師相汪老夫子原評

青莪試草

機致流轉

君子疾夫舍曰欲之

朱文宗歲試上杭學一等三名 廩 何步蟾

諱其欲而不言聖人直抉其隱焉夫顓臾之取固明明欲之矣乃
舍曰欲之君子所以深疾也歟今夫貪欲之萌苟既顯爲著亦何
得善爲匿也乃若中藏早據乎欲之地寔而外著偏舍夫欲之虛
名則即其舍之之時而欲之之心已覺昭然難掩也一為直抉其
隱殊深令人以任指痛根序焉耳如求今以顓臾不取為子孫憂求之意其欲
之也即非欲之也即無端而興擅伐之師當其議諸私室可許
維之下爾夫子固明明欲之矣忽然而退無名之舉即質諸
蠢狡焉思啟之餘在求亦必明欲矣使其唯有向季氏而言

鏡亭試草

君子疾夫舍曰欲之　何步蟾（鼎元）

是役也子大夫盡過所欲則心然怒矣任識者與夫怒之則固以爲欲乚　也抑或執求而言曰斯舉也爾夫子非迂厥欲焉則將啞然笑其無識者矣夫笑之又顯以爲欲之也如是而非欲之則必絲滅此朝食之圖而後可也而求不曰將有事於顓臾乎如是而非曰欲之則必無及今不圖之慮而後可也而求不曰今不取乎夫然則欲伐顓臾而貪其有也久矣欲伐顓臾而圖其利也明矣雖欲諱之而無庸諱也雖欲匿之而不可匿也而求顧何如者本自逞無厭之求亦何难直陳其本志乃陰爲據者偏若陽爲諉也則當深情自匿之下逐逐者豈果無是心乎而於諸侯

微窮隱之裏有深誅其意若矣業既肆貪得之計亦何妨明其無他乃隱為受者反若顯為謝也則即同堂自諱之餘躭躭者果未設是念乎而逐諸見微知著之心有深疾其隱者矣使其欲之而即曰欲之心與口原未相違縱不為君子所曲宥或不為君子所加懲乃今則儼然欲之矣而果於自誣者先為此隱而不宣也則一事之貪饕忽遁為兩念之輾轉初不計發覆之有人抑其欲之而竟曰欲之內與外不致交還縱不為君子所予或當為君子所恕乃茲則悍然欲之矣而背其本有者將不僅欲吐而茹也則兩念之蕭檣祇以冀一事之彌縫益嘆請張之為[illegible]谷曰欲之

鏡亭試草

此君子所疾也。而又必爲之辭云云。吾且爲未憶所聞矣

朱大宗師原評

○○○君子疾夫舍曰欲之

汪宗師歲試備取廩

安童生東化拾壹　英　敦　謹懷

欲舍而不言已難免君子之疾矣、夫顓史之舉求嘗曰夫子欲之○○矣、乃更舍之而不言、其能免為君子之疾乎、責求若曰為臣者苟○○○○○○○○○○○○○○○偭主心有欲而非用意詭隨曲為掩諱其欲則立心既見不昧亦○○○○○○○○○○○○何事苛以相責哉乃若好利心勝而反置此不言則持論者非不○○○○○○○○○○○○○○○○自謂、操術甚巧而識者早已直揭其微而深為痛絕焉耳伐顓史○○○○○○○○○○○○○○○○○○○○之事季氏實欲之即求亦、且曰夫子欲之矣乃復以固而且近謂○○○○○○○○○○○○○○不敢必為子孫憂吾以為季氏非憂及子孫實求之舍欲而不言○○○○○○○○○○○○○○○○○○○耳明知欲焉思啟本從黷貨之心以起而意所未安則本志變遷

○清○出○欲○字○項○上○夫○子○欲○之○句○恰○得○來○脉

○攏○落○緊○湊○

○舍○字○追○根○溯○源○筆○力○直○透○紙○背○

之下暫且託夫時勢以相援亦知剪馬傾覆久挾虎視之眈而來而理窮思遁則私心刺謬之餘並將掩其真情以求勝夫求不嘗（複應更醒）明言曰夫子欲之乎茲顧舍之而不言也噫亦知早為君子之所深疾乎人苟中心未嘗委曲則當主情之利欲方熾即犯顏諫諍以求過止其欲撥諸有犯無隱之義亦無不可者乃何以穩知其欲而故舍其欲則自季氏出之固非唯利是圖而自求言之一若（舍曰字痛刻）（透露疾字不剔自醒）不貪為寶宜恃吾舌尚存可以任意為吐茹者此際之初終頓殊惟求言之亦惟求自置之也而早已難免於君子之刻責矣人苟中情絕無顧忌則當主志之貪欲無厭即坦懷直言使人共見其

欲準諸守正不阿之情亦不為過者乃何以明明與有欲而明明
舍其欲則歸咎季氏既嘗不諱貪得之名而旋憂子孫反思并沒
眼定上文勘剔分位獨見廬山真面
貪得之實直憑如簧之巧忍以喉舌為轉移者此際之心口乖違
惟同其欲者言之亦惟舍曰欲者自領之也而固已莫逃于君子
之擯斥矣事非本心所甚安乃至違厥初念以求伸於一時則在
彼所隱匿其短者皆秉正嫉邪之士所深斥其非即欲從而原之
冷剌入微
而已無可原應亦巧於藏匿者所空勞計左耳抑理既折服而難
轉又且隱其素懷以強秘而不宣覺在彼所多方掩覆者皆發奸
摘伏之儒所按迹直誅即欲曲為恕之而已無可恕斯亦深自詭

秘者之徒形理短耳、是則為尊者諱方謂可告無罪於臣衆、豈知文過遂非早自難寬責備于長者、又從為之辭不重為君子之所疾乎。

清晰中筆機具見流利　原評

欲字直主季氏跟照夫子欲之句恰好以矛攻盾乃令舍曰守無躱閃處肯綮已得自覺游刃有餘　賴飛伯師

運筆高超脉理澄徹宜其奪目　功兆宏懷

君子疾夫舍曰欲之

汪文宗歲試取進歙安縣學第十三名 陳士任 仁侯

置所欲而不言、難免君子之疾也、夫既有所欲、豈舍之遂足掩哉、乃竟舍而不言、謂能免君子之疾歟、且世有君子其造詣也、擀然至善其立心也、淡然無欲、寧於貧窶無厭、淡其志以相謝者、而乃

剛鉤遒慜詰語精湛

尚為之媿哉、自立論者私心方勝、不欲直露其微、反覺舍置其隱、

清矯不群

自計亦誠得矣、第言與心違、君子未嘗不心焉病之、求乎爾以顯

急、躍、跃、字棄

吏固而道費、不敢有後憂、吾閑爾言而覺爾所明、於心者欲也、使

弥綸換句法濶見井然

中心明之不自爾諱之、將若若為虎視之眈眈、亦何不可明其意于正人君子之側、吾聞爾言、更覺季氏所寄為圖者、欲也、使意中

圖之。不自爾隱之將若者為其欲之遂遂亦何難伸其說于賢人。不脫題旨二字

亦見細心、、君子之前孰意竟從而舍之也何居竟從而舍其欲也曷故夫以而懸

一段文情哀至只妙切季氏事實不同泛填清操自守之不少概見也為大夫者大抵皆貪欲者流而在魯為

尤甚如甲三軍一啟其欲而富倍公室陽州逐主嗣發其欲而勢

傾中外此豈非士君子之所痛心而不忍言哉況乎舍旃舍旃而

亦無言乎君子之所心期者唯是循分自盡之人耳循分則弗肆放實

淡折得神弗肆則無欲而奈何有欲之者夫欲之則亦已矣又從而舍之巧

一筆正適緊一步有識有法計自私之念方謂吾秘而不言循分莫大乎是焉豈知其心方淡

恰切還題其欲韓昭舍之未見有裨也而顧已莫逃君子之痛懲矣君子之

所深許者唯是循理不失之爲耳循理則絕私絕私則無欲而奈

何有欲之者夫欲之則已謬矣更從而舍之苟且自便之圖方謂

吾置此弗論循理莫過于斯焉豈知欲益彌彰欲掩轉著舍之未

見有當也而顧已難免君子之嫉惡矣事關名義之重則貪欲之

鑒過行罣

念不可開而茲之有意蓋愆者求免夫刻責不且自遂其前非乎

猶光炯炯丰神奕奕題中神理靡不酣透

夫起念而懷覬覦之私局中所自明豈局外遂莫辨故非樂為此

刻以相繩也明知其失而反掩其失隱衷誠不可問矣則亦騁其

私智者之徒形理短耳爭關君國之大則利欲之心不可萌而茲

之有心護短者期免夫糾繩不且自多其錯悞乎夫任情而逞私

浙江試草　君子　陳二

圖之便當躬所熟悉即為旁觀所推尋故非好為此苛以相待也
況耆痛快直令貪欲者無可解閃處
顯悟其非乃曲藏其非詭諆誠不容恕矣則亦巧乎計畫者之空
勞習慮耳夫妄有所欲君子疾之猶淺而故舍其欲君子疾之方
深也況又必為之辭不重為君子所痛心而不忍言哉

大師相芍陂汪老夫子原評　不蔓不支有聲有色

府憲蘅圃楊老夫子評　以清空之筆搆虛縮之神允堪巾選

本學韋亭林老師評　機暢神逸行止自如

本學梅亭尤老師評　會全旨以立言不侵不闖絕妙筆力

君子疾夫舍曰欲之

汪文宗歲俗取東后廊駒廿四號　陳金章　汝佩

自言而自諱之其微已揭矣夫季氏之欲求已言之胡至是而舍之也不已無解於君子乎且天下惟獨喻之情堪以自匿耳乃有（卓思獨造裒曰遊然）情不堪以共喻意欲秘為獨喻而又苦於獨喻者已經共喻至是而欲有所操以相撥斯匿之計成矣夫匿之於後而能解獻之於（縮筆勁甚）先乎則其微何俟畢揭哉夫求不嘗曰夫子欲之乎而乃以固與（認真來脉得正希承法）近轉籌耶以策命之聲靈而貌若弁髦貪婪之念是先王所隱誅（清機徐引）也求即未知此情亦已衆著矣以唇齒之保障而狡焉思啓耽逐之懷是社稷所黜糾也求幸既知昧心能無未安乎噫嘻言猶在（紆餘）

雜齋試草　葵社

○為○妍○

耳疚豈違心本苟變遷私相剌謬是宜夫子欲之一言非求自吐

○恰○浮○圖○圖○語○吻○撇○手○空○中○飛○行○絕○迹○此○從○下○

而後可不然是直舍曰欲之矣蓋人有欲自引之一端其端與本

○為○之○辭○勘○出○舍○字○

志不相入而理不容以兩立勢宜有所專置以爲所引之地則惟

○瘦○硬○通○神○之○筆○

恐本志之易相敗露也雖亦知真情已揭自轉良難而窮無復之

○水○點○精○瑩○

一若發之自我收之亦自我也其舍之歟抑人有隱自攻之一途

○此○從○上○夫○子○欲○之○勘○出○舍○字○

其途非當前所易蒙而術或可以各伸計宜有所顯棄以泯自攻

○沉○響○六○至○變○而○逾○動○

之形則惟患當前之猶留微迹也雖亦知前情已發難置圖辨而

變本加厲一若前以無心露之後可以有意避之也其舍之歟明

○連○會○下○文○舍○字○無○先○淺○者○出○塵○空○粉○碎○冰○雪○聰○明○

厲初心之悔而意存乎解免之先則舍之一術陰定於中方幸有

（雋妙乃示）
所以成其舍者致非輕掉前失也而察微者即從其陰定之先而（和佳本位筆留勢）
（超題氣極材體想）
指爲舍曰欲之一明希轉念之脫而情流乎辭免之後則舍之一計
顯設於外方幸有所以遂其舍者致不嫌大背前言也而探隱者（體堅色淨中藏節）
即從其顯設之後而指爲舍曰欲之一夫亦知君子之疾已在是乎（一線使高）
即托於爲尊者諱而自言自置早無解於正直之義業并於窮而（律法細密）
思遁則乍揚乍隱又何恤於彌縫之工一而必爲之辭舍欲之微欲
蓋彌彰矣

體認精細　菊坡汪老夫子評

以瘦勁之筆串微之思寫囫圇之吻於下句不隔斷亦不粘連

煞費苦心風骨大似西江胞叔滄侯評

君子疾夫舍曰欲之

汪文宗歲進惠安　陳聚奎輝五
縣學第七名

有欲而隱其私宜君子所深疾也夫既欲矣而顧舍曰欲乎求於顓臾之役有然得不見疾夫君子耶今夫人臣事主苟其引之於靡靜寡欲之防安在此心不可共見於天下後世乎顧即貪婪無（作出層換）厭也（過方無躲避處）而一任外人知之不必自已覆之則其情猶或可相原乃何以虎視之眈而論辯之際偏若舍旃舍旃苟亦無言識者於此既窺其心之有所戀又痛其口之強為緘耳顓臾之代求計及後世之憂果憂之乎寔欲之也（先坐定欲之為舍曰字轉身）以弱小之莫禁我憑陵也而肆然無忌其所為肆然者非肆其貪乎則亦何得明示其貪也而以視夫不

欲示而心口相違者又誰能曲諒之也以間牒之不無有戎心也而狄焉思啟夫其狄焉者非狄於忮乎則亦曷堪直陳其忮也而以較夫不直陳而心迹相左者又何復過寬之也求何如乎今夫顓臾之不宜以欲圖之也亦既有明徵矣臨之以先王憑之以社稷附之於邦域苟曰欲之是已獲戾於先王也已干咎於社稷也且已啟罪於邦域也夫既明知不宜以欲圖何如舍而勿伐乃既陰計為可以欲而取而復舍曰欲之其亦幸而不見正於君子耶（跌宕見神）抑亦非幸而徒取疾於君子耶光明正大之舉何在不堪對人言獨至有所欲則若有吶吶不出諸其口者豈謂欲之心不可萌直

謂欲之事或可遁耳夫其牢不可破者貪刻之私戀之如飴而防之已固明明有欲而明明愛舍君子以是為誅意之條已天地鬼神之鑒何事不堪以相質獨至有所欲則真如有赧赧不顧白於人者詎云欲之念不可開當云欲之迹或可匿耳夫其一往而深者貪戀之志趨之如鶩而緘之若金念念有欲而念念務舍君子以是為罔世之階已蓋君子平情論事未嘗故從其刻而決不忍没直道之公所以疾惡之深心非止一二而即此心有欲而不明露苟在秉正嫉邪能不為之驚顧而難安也使彼不與人家國君子亦何樂明斥其謬也哉君子忠厚待人非必或隣於激而無不

不作枝綴語自合題旨

可見褒貶之嚴所以創懲之微意若相循環而即此中有欲而巧藏身將在正誼明道能不為之撫膺而浩歎也茍彼欲相助為理君子且紆徐而覺其迷也哉而必為之辭也其何以謝君子也

汪文宗老夫子原評　曲中題竅

楊府尊衞圃老夫子評　詞意清超

業師蔡標老先生評　承處落欲来脉最真单行處精彩奪目

業師李擬老先生評　斷制老確命筆迥不猶人

授業母舅王季玉評　曲折頓挫跌宕生姿大有西京風味

兄爾老評　欲之含曰及層樓逼疾字十分透露君子身分亦出

○○○君子疾夫舍曰欲之　　楊元瑛仁寶

揭諱欲之微、已見疾于君子矣、夫顓臾之伐、季有欲心也、求非不知之、而竟舍曰欲之、子將明君子之所疾、而揭其舍之非也、曰古人臣之致主也、啟沃有術、足以迪君德於清明、不幸而貪利之私中于主志、而猶可以坦白之懷、見諒于正士者何也、主志難回、雖未敢直吐以彰其惡、而為之探其用意之微、察其立言之旨、究未嘗以廹欲相護之思、而揜其真情以求勝也、吾是以聆求固而近費、為子孫憂數言、而嘆其未聞道於君子耳、夫寡及固近憂及子孫、此求之言也、而非季氏之心也、季之心固明明有欲也、盟府之

一氣曲折、筆力遒、不猶人、收到舍字

提欲字、頓跡清楚

環堂試草　癸社　汪文宗歲取入惠安縣第十二名

環堂試草　癸社　汪文宗　歲取入惠安縣第十二名

策命猶存也苟非貪得奚敢廢先王之典季即有心曲護而耽逐
昏心此情已若衆著而求豈未之知耶（暫退）龜蒙之保障誰寄也苟非
懷利奚敢窺社稷之靈季既狡焉思啟則包藏禍心此情早已共
昭而求豈猶未識耶夫求不曰（題神生動）夫子欲之乎胡至是而違厥初心
也噫意是直舍曰欲之（崩雲找闕）其能免君子之疾乎人有所欲托之一途而（虛攝下意抉出含守）
不置其所難告人者則齒頰之間或未免真情之流露為其有所（空中出力而筆若達之）
托則必有所置以成之也求也撫心自問非不知貪婪之念旁觀
難以相掩而意無以妙乎其轉則本志變遷之下一若出季之心（刻露雋永）
者求可以不復齒及而匿之也而亦知君子所憎固即在此舍乎（扣住一絲不溢）

人有所欲援之一端而不棄其所難相勝者則持論所及或未免徒形其理短為其有所援則必有所棄以遂之也求也乎心而揣非不知敬疆之情灼然誠有難逃而念既誣其所自起則昧心以（腕力宕遒）逞之餘一若季所難安者求可以姑置弗論而秘之也而亦知君子所斥固即在此舍乎然則準乎有犯無隱之道盈廷發言既不能絕料其愆謬而苟取懷相予則退後之摘微揚隱猶足當擿哭（約開朗月筆走風谿）之陳若居然舍其欲也顯愧於意所未安陰計於私心刺謬即此（名貴）有意彌縫已無解於靖共正直之義即或托於為尊者諱之文織（紆餘為妍）（發法相生）德難揚固不宜表白以上干而苟此志無他則當前之有懷欲白（以救突診難）

君子疾夫舍曰欲之　楊元瑛（仁寶）

猶足貽替否之素若悍然舍其欲也希脫乎情之敗類遂冒已寂於違心即欲寬以栢恕又何辭於長君逢君之慾而必為之辭亦適以增君子之疾耳季氏之欲不且彌彰哉

文心靜細　原評

認定題位一絲不溢而神骨仍歸安雅　太尊楊老夫子

意愜關飛動是巧踏手柔之候　邑侯馬老夫子

朗如玉山上行　韋亭林老師

意在筆先神游象外　梅亭尤老師

骨肉停勻體認精細　清源掌教師不谿官老夫子

用意纏綿筆亦清矯　清源掌教師繩菴陳老夫子

君子疾夫舍曰欲之

汪學院歲進懷安縣學五名　黃江都　朋海

致疾夫既其欲者、所當先見正於君子矣、蓋曰欲之、則固無解於不欲矣、而竟有舍焉者、不已可覘君子之所疾乎、夫子援以責求若曰、今者顓臾之役、亦謂夫子欲之、欲之誠然也、夫欲而苟無既

後对面覷托越[illegible]越動

其欲非心、有格豈獨季氏之幸、抑亦君子之幸矣、乃欲而右頓忘其欲遂非有意、豈独季氏所不幸、抑亦君子所不幸矣、故吾即求之言而竊有念于君子、今夫君子有不望為臣者、克俾其主於無

高處展布

欲之地哉、業已难免乎無厭之求、則欲心之未泯者、端賴就列之臣縄其慾而糾其謬、豈曰欲之自彼、遂可置諸不論不議之列繼

雲衢試草

未能處以無過之地而欲愈之难平者实賴扶持之功縫其闕而救其失豈曰欲之自内竟相安于無非無刺之中奈何有舍曰欲之者乎不可覌君子之所疾乎君子知致身事主之道宜有明爭（爽合亮）之者不宜有阨諱之者此清心寡慾之所以称碩輔也既曰欲之（曲折無遺憾）而遂可舍旃乎夫舍之而使其欲之不揭於國中揆諸事君之義（意義透露）似未必無當然欲而令人見者其欲猶不至日甚欲而恐人聞者（如題不溢）其欲遂至於成終則欲之所在而輒有不明爭之者君子早惡其不居夫欲已君子思策名委質以来當有直陳之者不當有曲怨之者此有犯無阨之所以表諫臣也既曰欲之而竟姑舍是乎夫

人之而使其欲之不聞於境外律以良臣之方似未必盡非然也
今日而共指其欲補救可望于將來在今日而莫明其欲前非難
得以晚蓋則欲之所存而輙有不直陳之者君子早發其不任矣
欲已所無如何者值此多欲之時欲閑其邪而逢其怒不得不視
若淡淡耳若犹是舍其所欲也明知為心之所貪而以狡為思啟
刺着求
之意置諸第弗深考之條則主之有欲即臣之有欲也明其為君
子所疾而舍乃彌彰矣更無如何者居上嗜欲之侵即而為折而
心為拒不能不置之默默耳若犹是舍其所欲也明知其因以為
利而以他族偏處之心視為不復與办之事則匿其所欲即同其

雲衢試草

所欲也明其為君子所疾蓋含不徒然矣進觀必為之辭君子之所疾如此求亦知之乎

賦得野簟抽夏筍　得簟字五言六韻　黄江都　瀚臺

赤帝司權候欣看野外簟放梢今已兆解籜此旋昌競出園中筍爭抽宅畔芒心虛知不偶節勁信非常夏半為鮮色天邊亦闢光凌雲如有日貢獻及明王

汪學院老夫子原評　欲字蒙前文屬季氏後着在求具有体認

晉江朱可之先生評　章法行文斬亮疏逸曲折匠心歸見端裁

○○○君子疾夫舍曰欲之

汪學院歲取進惠安縣學第四名　曾青雲　孫呂

舍所欲而不言已為君子之所疾矣、夫人有所欲、不惟不能諱、亦不必諱也、彼舍曰欲之者、亦知君子之所疾、固已即此而在予、且天下貪利之徒大抵隱念久蓄於中不覺自宣於口耳夫使蓄於中而宣於口也則在己無自欺者在人亦可共諒而獨有不可共（筆勢亦位(?)妙在）諒者、則以寸衷所懷、自知其不可以告人而秘匿為已甚矣、求爾、（步虛）亦、知、伐、顓、臾、之欲、固、難、以、或、昧、者、哉乃始曰二臣不欲猶明言夫（引脉清細）子欲之今曰顓臾可取已不直言夫子欲之夫不直言欲之是將以欲之之情為可隱歟抑將以欲之之責為可逃歟噫、其亦未奉（落得）

教於君子矣夫君子固惡惡從短而要未有不深悉夫欲之之隱（神動）（宕挺疾字以逾為縱）者也論忠厚待人何恐遽摘乎人之所欲試觀不貪為寶者世鮮其人狡焉思啟者何國蔑有君子固知夫人心之私不能淡然無欲也乃坦白為懷又甚不欲人之昧所欲試思圖利者早忘乎義之歸營私者自減乎公之計君子又願夫人有所欲當即不諱其（層次）欲也如果不諱其欲也有時而欲之者至于藐視王章干犯國紀（一併縱以張其勢）（承上生節說來發）祇覺奢願之難渾矣而既以其所欲竟曰欲之則雖舉動已自過（點季氏）（就今不取節說來坐）差君子猶嘆其立心之不昧且見其欲之者至于罔顧身家但計利害祇覺意念之甚貪矣而既以其所欲直曰欲之則雖慮事早（定冉求）

自失當君子亦憐其用意之無他而（拍合）奈何竟有舍之者其心狃于功利。而隱匿獨深也。一若所欲之事。於己無與者其意溺于私謀。而秘藏彌固也。一若人所不欲。已亦不欲者（分應入脉）此其舍之之情欲愚人以所不欲而陰以自遂其欲也殆真謂人不得而相責矣而豈（紀從反面激出務字）知君子之疾之者早已深見其欲之之隱哉。嗟乎、隙圖得意幾謂（章法一斥仍是順挫來了妙妙）諱莫如深而招尤有因。豈容自藏其拙況夫舍言欲者、之又從為之辭也。求乎、能逃君子之所疾哉。

大師相芍陂汪老夫子評　淡淡着筆題解已得

太尊楊老夫子評　一氣揮洒操縱自如

中尊馬老夫子評　伸縮呼吸俱中節奏彈丸脫手之技

本學林尤老師仝評　相題有識筆陣凌空

表伯黃伊老評　每於承接處着精神極章法結構之妙

曾祖叔業老評　機暢神流詞醇局正

祖叔吉老白老仝評　開合即離都從大家中得來

叔惟登評　命意措詞渾成一片此成竹在胸非枝節而為之者

授業叔對臣惟東仝評　悟得先輩折字訣故粘處能脫窄處能寬

授業兄孫肯評　善於展拓不比局窄如轅下駒

兄孫銳孫儀仝評　放得開収得穩是之謂心手調和

君子疾夫舍曰欲之

汪學院歲試取進泉州府學第十六名 葉篇章 位六

諱言其貪已難免君子之疾矣夫季氏之將伐顓臾寔欲之之心也而求舍言之其所當疾不已見乎夫子責之若曰大凡有懷莫吐者殊覺坦白之衷而善藏其奸者難免責備之及故敗類惟貪大風所戒惟利是視古人所懲苟欲聞利藪而隱匿不道即託言于為尊者諱恕未嘗奉藪于君子矣求乎爾以顓臾之伐為季氏之不得已求當自問其心乎求亦當心季氏之心乎夫季氏之心非因其固也非因其近也又非圖及子孫也蓋明明欲之耳欲之則彼有人民欲易吏以治之求〻之此其欲在衆民也欲之則

有土田欲之矣以守之求將因之其欲在廣土也是雖無嘗于乃
子之意即此直言無隱亦畏可原夫何深疾之有而奈何坐觀焉
視之眈眈假為括囊之無咎明知碩鼠之害而託為金人之三緘
蓋舍曰欲之矣其何以慰于君子乎且亦思欲之何能蔑其迹哉
夫師出于有名則吾人備繩有王人救衛之褒後人讀書嘉請師
於周之舉不然則入國者凡幾蔑國者凡幾以至次師敗師紛紛
不一總之不離所欲者近是君子傷之故或書遂書及書以書將
與一字之貶嚴于斧鉞是無隱也若乃貪利無厭等其欲於窺周
問鼎而褻若充耳之無聞求利心勝同其欲於取麥取禾竟默然

箝口而不發君子不謂之同惡相濟即謂之相助匿非矣疾惡之
加其能免乎蓋君子秉正不阿者也舍曰欲之則阿甚矣即謂臣
子在外不輕議主上得失然是非自有定論曾是正人在上而能
容此共阿其非之子君子嫉邪無黨者也舍曰欲之則黨甚矣即
謂分屬于尊為卑者在所必隱然邪正自不容混曾是有道長者
而反愛此相黨其邪之人求乎先王不可舍也而舍先王者竟舍
曰欲蔑此先王邦域不可舍也而舍邦域者竟舍曰欲混此邦域
社稷不可舍也而舍社稷者竟舍曰欲靡此社稷求有口能隱黍
氏之心而石子有心又能知求之心矣其舍之而究難舍者而

必欲爲之辭。豈。以。君。子。爲。可。欺。耶。

大師相汪老夫子原評

文雅中具有淸機知其得力於古者深矣

君子疾夫舍曰欲之

大宗師歲試上 縣學增廣第一名 杭 鄧林湯 志升

君子之所甚疾者以欲之不業蓄于中也夫苟欲之而即曰欲之則君子亦何疾之有然則其疾也豈第舍曰欲之已乎且君子祇此愛人之一念而有時不用其愛者此其人必有所大拂于其心而非第隱微之不可告人已也夫隱微亦貴其白耳至以不堪共人之事偏隱忍於欲吐仍茹之時則第即其舍意而未申者觀之亦何妨便容焉而稍留餘地也求以顯吏為固爲近而處及下不取夫取之果誠欲之矣而求不嘗曰夫子欲之乎今以爲固以為近似夫子謂非欲之矣且不嘗二二臣皆不欲乎今以為固以

為近似二臣亦非欲之私乎吾心求吾念君子矣吾念君子吾

僉欲求矣蓋君子之于人也恒相喻于不言之表而人一結想于

乎曰詩曰洞然而識其真斯君子之于人也每難寛其嫉隱之懷

而欲之隱諱而弗宣者自快然而拂其意矣天下有欲之而即曰

欲之者乎捬有舍曰欲之而即見信于君子者乎且天下有欲之

而前曰欲之者乎捬有舍曰欲之而即不見疾于君子者乎有所

欲而即言有所欲君子亦何疾乎其人蓋疾者欲也而非僅欲

想君子原不料人之遲其欲有有如是之吶納而不出諸口也

使便吶納而不出諸口焉則隱隱欲言又戢戢乎不忍言此睹理

至勢窮已顯然而莫掩猶以其欲之未甚可疾耳抱所欲乃不至

諱所欲君子又何疾乎甚人蓋欲可疾也而非所以疾也想君不

若早計人之肆其欲者有如是之猶然而自違其心也然使僅徒

然自達其心焉則躊躇欲吐又格格乎不敢吐此時私心[illegible]

穆然而可思徐覺其欲之未可深疾耳嗟嗟續念有真胡為盡[illegible]

其真本志難誣寧忍一作其誣君子之疾夫舍曰欲之者非以其

必為之辭乎求于此可爽然自失矣

宋大宗師原評

君子疾夫　之辭　（論語）　錢禧

君子疾夫　之辭　　錢禧

稱君子以責門人、惡其辭也、夫置目前之欲、而巧其辭于彼、以子孫、求雖辭乎君子、君子惡之矣、夫子獨呼其名而正責之也、若曰、求爾不嘗奉教于君子乎、君子之學古入官也、義而已矣、其守在于義、其言亦在于義、以義守官而或出於不義焉、出于不義而且托于義、以自文爲君子不爲也、君子之謀人國事也、公而已矣、其心主于公、其論亦主于公、以公議事而或出于私焉、出于私而且附于公以自蓋焉、君子不爲也、君子所以不爲者、誠有所疾爾也、求之所取顓史也、義乎利乎、公乎私乎、既曰夫子以爲利二臣者不以

直爲君子言起　感　義利公私四字分承到　埋伏曰字辭字　之辭　埋伏爲　點疾字　是　大字貫下神氣　以既曰出又曰只就原供勘

為利以利歸主以義自與其于委質為臣之誼亦已薄矣又曰夫子亦無所利于顓臾也并其以利歸主之本情亦匿之惟恐不深也既曰夫子以為私二臣者不以為私〻則目上公則目下其于善則稱君之道亦已乖矣又曰夫子亦無所私于顓臾也并其私（不了語便生辭出下二股）則目上之隱懷亦飾之惟恐不盡也而必為之迂其說于後世夫（帆隨湘轉望衡九面）知有利而不知有義先王之所必誅也得保今日且猶未可何敢（[illegible]裹君）為後世計乎求亦明知其迂而故為此言以自解于君子也君子（子疾夫前半篇至此極成六句）則知求之便佞于季孫而其辭則托之老臣遠猶也而必為之深其憂于子孫夫知有私而不知有公社稷之所不福也幸全身家

猶懼不及何能為子孫策乎求亦自知其淺而故為此言以冀釋于君子也君子則知求之幾蓋其淺衷而其辭則類于長慮却顧也舍曰欲之而必為之辭也君子之所疾而求也甘之求于季孫則深矣

閒冷

說舍曰欲之而必為之辭了然後倒裝君子疾如此措筆便易不見一句數析之難文偏不走易路偏如題以疾字順領以夫字貫下二句急口題寫得蜿蜒數百言縮之只成十三字一句此前輩莫大神通莫只作平易如題看　黃際飛

逐段截講逐段聯貫圓如珠走盤快如馬下坡文至此真化工　王士鍾

君子疾夫 之辭（論語） 錢禧

第十七冊　卷五十

君子動而　三句　王祁

君子動而　三句　　王祁

道足以寡過過君子之所及者遠矣夫君子非徒寡一世之過也由動
而推之言行其道之所及何遠哉且王者秉道以治天下非徒無其
範于一時也此其治功所被固有歷久而不变者而蓋主德無私既
有以立儀型之極斯民心已協自以深觀感之情合數百年之風
俗而無不受治于一人吾知其身範為從違吾於知天知人而重
有念乎君子君子合易簡以垂樸道之本於身者約之止為衷也
之靜察君子協乎所以致極則道之微乎民者廣之即為奕代之則
型吾見其動而世為天下道矣飭輒物于深宮止為一身端其發
至[illegible]信然與[illegible]然而能習則已至也坊表之可測即

何莫非[illegible]之所率由已凜然乎明

止為吾身猶其見聽至于民之從我與否不問也然而感孚則

遠也隱微之無疵即證已聽之咸遵極之百世而遂求何莫非其道

之所蒸被已即如動而為行非道也形于顧者乎乃君子出之為

行者自天下式之則為法觀于流風既遠而奉典則者猶是官禮之

遺服章經者依然高曾之矩其世之遠也法其行實以法其道也則

寡過之見于行者有然即如動而為言非道之宜之政教者乎乃君

予發之為言者自天下佩之即為則觀于王化云遙而蒸德音者尚

存謨誥之詞仰先民者不改誦絃之業其世為則也則其言實以則

其道也則寡過之見于言者有然制作不歸于盡善則無[illegible]餙躬者

亦必無以服物君子所（又昭本身意）爲先萬民而立其極也操三重〻〻彰施故

律度咸欽百代猶識尊王之義治法不出于精詳則無以傳今者亦

必無以裕後君子所爲首庶物而端其範也合天人以弘保錫故物

恒並懋奕禩猶深法祖之思信乎三重之足以寡過也

此節申言徵庶民意而徵庶民信從根本諸身方見源頭無一筆

不拖定身字說出操三重合天人之本〻識撥原至于重講上句

分講下二句緊抱上句布格自尔而出手高華流逸真是制作大

手

君子動

王

君子動而世為天下道　王詒燕

動罔不臧而道以世計矣蓋君子有所以動以斯重而過寡于天下矣道之豈一世與嘗思禮樂作于中和君子致之而後已動無過舉矣況三重之所以有者又不敢輕布之天下而一反于德性問學之修凝宜其措之于躬者皆道而于天下皆可以率循也是故積深謹之氣于本身諸事爲之盡其善矣慮善之動王者于是為勅典而貞憲盡參伍之神于天人之理窮之深其原矣窮原而動天壤于是有豐功與大猷是則君子惟無動耳動而天下不世道乎動　中于禮則起治失序而未奉天下以中正之觀詒及後

直探河源不同尋撦

衆喻變了曲承知天人者尒

國朝　中庸

括是故

世即于　而過則奢也于質而過則儉矣君子有三重而動動則

透……問深處相

道之中也天子建中于上而衣冠聽視皆有戒懼之精神以表之

此即天下禮教所由興矣世文世質豈所慮與動不中于樂則爍

捁感乖而未釀天下以和平之治沿及後世即于陽而過則寬毗

于陰而過則猛矣君子有三重而動動則道之和也天子建和于

上而動容周旋皆有愼獨之淑氣以應之是即天下樂教所由成

道字只帶起後乃泛泛之

矣世寬世猛奚所慮與想是時既奪小人以不檢之途又予君子

約轉動字

以藩身之具斯亦人知所向矣而非君子防之之密也動以矩矱

源頭正透出道字精警

而不隣于放逸此所為周行之示世世由之視履而無有越也想

是時俗之淳者安其未闢之淡泊俗之澆者陶于自得之鼓哥可

謂化洽于醇矣而非君子調之而適也動以律度而不即于慆淫

此所為王路之遵世世平其偏黨而無有乖也不然動而多咎一

身已有應違矣何況天下動罔克臧天下且未率由矣何況世世

此過之所以寡必恃王者之有三重與

緊抱不驕運思靜細結體堅凝猶見前一輩人風格

君子動　王　中庸

次見集

君子動而　一句　虛也集蘭亭

張子芳

道著乎君子可繇而觀其動焉蓋君子本以道動故其動即道也道豈以世而殊乎且古今之天下以道為之經而其餘始有所因而辨焉顧道非虛位也前王作之而著其實後王述之而尊以名要無以外乎天與人之理而已矣故夫知天知人之君子不敢以

淵穆天道字字原本

我範人要能托于人所自範之地不期人我易世先自立于世所不易之途故其所欲于世者不待考慮負度恃成迹之循為也世為天下道矣而其所本于身者不待聲責實煩更僕之數為也

天人分合道也不同只是

動而世為天下道矣世數之遷也之不變其可知者君子

自三代自虞以來欽欽業業一不敢不兢兢而動以天為虞之于後世盤盂几杖之微深求之皆有陰陽而象四時之說則後之稟乎我一如我之所以稟乎天而已矣世故之紛也人道之大常其可知者矣君子自肇修人紀以來皇皇一不敢動以欲而動以義及其傳之既久也深衣玉藻之徐徐察之皆有應規矩而關名教之恩則人之受于我一皆人之所以盡其人而已矣故道有一成而不可易亦名一而變無窮者也之為動則其象成矣故毋論兗紹之代易于率由萬一後有辟王奮其才智欲創前人所未有而乘張必甚論者未嘗不追而惜之曰使其遵先

王之舉動決不至斯也而益以歎君子之道之純且動必以道則其變亦盡矣故無論昭代之傳便于光紹即至代興之世多所因草若盡更勝國之所遺而本源不二識者未嘗不准而本之曰此其與前聖之舉動先後一揆也而益以知君子之道之永蓋至於而觀諸行與言而君子之動為世道於是乎信而有徵也故曰道非虛位也

本題道字從第三節道字尋根即標見本博大之理緯以精深不知者以為鬆懈耳其領不驕處處脈其徵　周翔

○君子動而世為天下道　三句　陳世治

觀君子所以寡民過者。有與世而無窮者焉。夫世道世法世則、所寡非一世之過也。而君子之動而為言行者、其盡善何如哉。且王者議道自己。將萬世為昭焉。故一舉動而無敢或苟。而凡所設施、與所誕告其處若與世而俱遠。斯王道之盡善見矣。行之君子之三重、本之知天知人如是之盡一時天理民彝之極而有明堂固已徵天下之信從。并通衆日天時人事之窮而立乎當代。即以範奕世于寡過。吾更以思君子之制作肇造成奮乾惕之精神。乃震動于六合者事久則乾變出于一朝者。術則杖當年之天下。見為周旋而無於者曾

（○上○層○已○在○徵○民○內　○領○世○字　○切○定○世○字○扶○顧　○刻○刻○動）

不以才子之君子屬之以人祕也孰是私而化之而世以為宜變而通之而世無或悖曰君子動也動而有儀動而有制動而有考久奉以為天人之義蘊而趨焉而不違由焉而不知無謂世教已遠非親灵神聖之範也樂禮度文之具在憲善以動不愆不息且世為道矣綱紀初立共嚮咸正之大猷乃議行于朝廷者化久則更循行于邦國者習久則藐當年之天下所謂精詳而畫一者曾不得後世之上道揆而下法守也孰是不紲不競而世以為優一張一弛而世無或矣曰君子行也行而為議行而為制行而為考久奉以為天人之懿美而憲之以淑身從之以範俗無謂世代已遙僅遇之經綸之迹也

典禮度文之具在經乃攸行有典有則且世為法矣文誥伊始各濬
渙汗于王言乃興咻不再傳而歌頌俱忘即誓誥猶異時而叛疑亦
泯當年之天下所謂風行而教達者曾不得後世之一方訓而有辟
刑也孰是明徵定保而世守其說數言訓行而世述其沈曰若于言
也議固有言制亦有言考亦有言久莫得其天人之奧賾而意規矩
之不遠忘知識而自順無謂傳世波邈僅著之謨誥之垂也典禮度
文之具在聖謨洋洋是則是傚且世為則矣當日者茍不可以告後
世不敢或存茍可以啓後人不敢或缺而象魏所設懸之日月而不
刑書共終于之既[illegible]者深風之[illegible]同而畏其神者遠哉訓

恰好

削平光精妙

警絕

典前[illegible]琅圖不言[illegible]下驕之極則世功

制作之盡善已見于本身一節其所以然已見于知天人節此節對下有譽三句只重一世字明其不限于時耳自應從世道世法世則着華但其意仍須歸注上截見君子之能使後世如此文于法無一不合而陶冶載籍清新警動國初諸老不能名過也 曾鍔 庭

君子動

君子動而世 一節 費洪學

道足以寡民過故信從不限于時地也夫動與言行君子本身出之者耳而世道世法則焉有望不厭焉民過不自此寡或且民過之所（言無枝葉）以難寡者由上之制作求善而古今以天下不克信從以致取寡也若夫不驕之主其本身而出者無一不協乎天人之理則無論後世與當時罔不愛範以寡其過焉其絲之者有今已今觀王天下之君子嘗為紀綱乘為號令者嘗其動也其動而為言動而為行也儆令（例播遠焉）君子徒挾其非常所具者以驚世而駭俗無使當其時遇者領心懷奇豪善以傳之數久贊之以界決流限為而不足以服物爽世之臣

民必[illegible]議之不[illegible]修其自[illegible]者謂其世[illegible]法
世則也要可得幾而君子則固不然溯前千百年而君子立其道勢
雖保其舊章不悔于世變人律之後人援法以變作異日之或猶其
歟或猶其然者一一非開基所能逆料君子所難必世上有信從之
必乃幾千百年而守君子之道勢雖剛忠其知才以超乎聖神觀察
之外又況嘉謨懿行今日之準乎天經協乎人紀者一一非異代所
能改移君子自可必世世有信從之理則其世為法也天下不能
越君子之動也其世為法也天下不能悖君子之言也其世為則也
天下不能外君子之行也猗歟休哉以後世之天下遙遡誰稽猶且

遵其制佩其訓而無敢自用自專則當日之聞風而近光者有不翕

然信且從哉則試徵之遠近在遠者之風聲遙聽似不若親炙之身（五作雖殊）

受為更觀在近者之目習相忘似不若異地之相思為轉切有難之

志訓是行每懷于此疆爾界之殊安能齊遠近而使之一致乃遠者（二句總括此二句亦一用合離開合盡變）

目不覩絲綸廣布之跡而聖神特虞其隔絕焉者自東于文章度數

之故而耳目偏覩其生新天子之集命頒守必合乎愚夫愚婦之意

當其固遠近而咸有歸嚮于下則有望之一時不厭不見與世道世法世

則同其信從哉而要非君子之動而言行為本于身而合天人不至

此一[illegible]

熟。點次舉杯。開闔之法。有兩截。異畫態極妍盡。卻

有精意沉着。非刻而不留者。今惠時

真體博大。其詞昌明。其氣能健。其格空靈。自宜橫掃千人。俯視一

切。門人陸琰

君子動而　一節

昆明張學師月課本　學一名　謝履忠

道宜於後世而當時可知矣夫世道世法世則如此更何論遠近之

民乎孰非君子本身之道也今夫天人之理至於微明通前後斯（承上說下○先輩金公）

亦極道之盡善者矣孰知此正君子之不驕而民過所由寡乎益君（拍題）

（今○善○分○節○氣○度○商○皇）

子者禮度之簡而當也議制考精而詳也可以者可遵也可大者可

守也垂之百世憲先王也播之一時凜天子也動者君子之言行合（道兼言行道兼法）

（則○化○言為○兩○机○為○新）

者也肅乂哲謀符乎天仁義中正則人事之準也動無過也後世之

天下不得不道君子之動也行與言者君子之動而見者也政教紀

綱[illegible]此謨則踏[illegible]秋之鑑也[illegible]言行無過也　世之[illegible]不

得一法則君子之行[illegible]也凡生[illegible]也而為聖人[illegible]民也其遠之則君子之外節其近之則臣百姓之環居而星拱也吾（望與不厭亦寓得恃敬之畏常軒之家）見邈聽者望以耳觀首者望以目至於聲教四訖殉而為向化承風則又望之以心也吾見觀光者切不厭于尊之澤者深不厭于親至（攝束行）于飲食鞠謀化而為絃歌醉舞則人不厭于上命身心也自己及人（体與熟手相稱）時不隔也由上達下地弗限也翼乎文孫有率循無更變也薄海內外有渝浹無軼越也所以寡過也所以不驕也君子之

精簡似經峭勁似子　翌聖

此節正說寡過上三句是寡萬世之過下二句是寡一時之過但

上三句中看一句又為三句之綱領看註中動兼言行而言道兼法則而言可見所以做上截及不應平列三比至下二句中望字不厭字最重所以寡民之過處在此不得泛填近呪遠來套話也此文精神脉理逼真慶曆大家而句句簡峭字字精實全從古文得來天孫機錦洵足炫人心目　朱禹門

一氣用也字乃字到底如李光弼入河陽軍聲一變而前茅後勁中權復爾一一不爽豈非絕世奇文　二友人評此文云奥峭似西銘典重似待漏院記以余論其文當從尔雅釋訓篇得來　方

君子動而 一節（中庸） 藍綿琛

君子動而 一節

藍綿琛

觀王者徵民之應一寡過之天下也蓋以本諸身者徵諸民則信從者論天下矣世且不遠何有於遠邇與聖人作而萬物覩則允天下後世之有過者皆於身乎寡之（語約而括）今夫天下何過君垂於上民信於下此大過之所由滋也是故上有言而不信焉則過上有行而不從焉則過不信不從望焉而無所生其感歎焉而無所生其慕則過眾（辭筆俱健）一君子出而天下之過無不寡者則以君子之身其動而為行為言一皆天之所不遺而人之所不易者也蓋入下事天則無是而人為（講動字將言行括）之者動微不能更發天之所不違行皆天則而言皆天理

沈學院小課第一名

中庸

浙學院一課第一名　中庸

人才　動應民者、守無二天也。天下事人則無是不我殊
為之者動先自念不能使民不惑人之所不易行賢人愚而言皆人（背節緊奏）
絕君子本人而動應民日用而趨無二人也故一動而天下之（老）法則
以立一動而天下之瞻望以生一動而天下之厭薄以泯吾嘗考其
世而稽其遠近前者作而後者述賢者奉而不肖者從從無時趨民
無邪行士無異說家無私書王度王章咸企仰以為式聖脩聖訓亦
親承而有光縱有聖子賢孫亦循舊章以凜率由而何論於百姓即
有遐荒異類亦聞中國以思聖人而何論於域中百年以內百年以
外世世一君子之身之所範圍也千里之內六合之遠在在一君子

之身之所悅服也而又奚民過之不可寡哉此則王天下者徵民之
懸也

上三句是直說下二句是橫說然有望不厭總根於言行言行總歸於動作者自當有以一御勢之法夫將言行攝入動內靠天人遺發出信從道理作一截隨將動字總於道法則有望不厭將世與遠近對舉作一截御題有法理循氣通過真允華大家

沈學院小課第一名　中庸

君子喻於義　一節

人各有所喻，而義利分矣。夫義與利，非深喻之，則其為之者不力也。此君子小人之所由分也歟？且人為其事而泛泛焉，得其大意而已，則其中之曲折有所不能窺（擒喻字掛入）乎是。乎迹雖存而神先去矣。蓋用志而或分，其精未能凝也。故事無論是非，人無論邪正，而其所以為之者，必窮極其幽渺而後已焉。此則君子小人之各有所喻（二比渾發喻字透快）是也。喻也者，心知其然而口不能言其然，旁觀者不能解其情而第見其躍躍自喜也，耳目將注之而心將營之，惟此一事之不能釋焉。各有所好而各誇所知，互易之則皆茫然於其際也。故彼

此不相謀也而同事而異心亦同心而異事惟此一念之不可强
焉蓋君子之所以爲君子者以義而義固其所喻也小人之所以
爲小人者以利而利固其所喻也義與利反者也即義亦未必無
此喻字粘合在
利而君子不見有利焉生平之所志者更無他事而惟是析義之
義字上
精至義之盡無纖悉之或遺至于其事之或利或不利君子未之
計也非不之計也君子寔不喻此耳一利與義違者也即利亦未必
盡不義而小人不見有義焉性命之所狥者亦無他端而惟是盡
此喻字粘合在利上不若移樓字面使可通用
利之用窮利之變雖秋毫之必析至于其事之合義不合義小人
不之念也非不之念也小人寔不喻此耳在小人見君子之好義

君子喻於義 一節（論語） 戴名世

以為義亦何可樂者而直為此區區也方且自以利為獨知之秘而翻笑君子之迂在君子見小人之謀利以為利亦豈可好者而直為此戀戀也未嘗不以義為大公之理而難轉小人之意是故義與利難辨也（以告賀孫者）而義中之義利中之利又難辨也（此出朱子之所）而君子一見而即知為義小人一見而即知為利（前日事）習之熟故見之明耳（此於山之說 前以）然則此兩人者一之于義一之于利其素所蓄積也決無徘徊于岐路之間且夫義與利有時相似也而義中之利利中之義又甚相似也而君子所見無非義者小人所見無非利者念之深故行之決耳（此程子之說）然則此兩人者義亦是喻利亦是喻若難以區別也遂覺毫釐有千（喻以後事）

里之失。嗟乎人莫不有所喻矣。而試自問其所喻者為何也。而詎可見棄于君子而為小人之歸乎。

他人亦知做喻字。然終是架空不能道着一語。則義利之故。不能言之反覆痛切矣。剖晰毫芒。何必象山之說。始令學者動心

韓慕廬先生

石子齋

明清科考墨卷集

君子喻於 一節(上論) 王濚

君子喻於　一節

王濚

辨之於喻人品始真矣夫義與利君子小人之辨也膚知其所以辨乃在喻乎且義利之大端亦既晥然於天下矣然使世無真君子謂無一人知有義焉可也世無真小人謂無一人知有利焉可也何也泛而言義如曰真安之數不敵理欲之分不敵也易知耳嘗試問愛之何以不敵真欲之何以不敵理似有不可解者在也盖義中原自有光明委宛可悅可慕之味不減於利者也他人不喻君子喻之矣不然人世間之死生利害亦大與其所以攣肘我誘掖我者何限哉非有真知獨契何以執之如此其决捨之如此其優此非饑積之歟

妙喻警

看喻字特妙

慈諳而言喻理暢[illegible]

鄉墨[illegible]　上論　[illegible]戊科

喻故也故以小人視君子未有不以君子之拙者也不知此未可相笑也利也有偏嗜義也亦有偏嗜相譯觀而同與舉舉者同年語而言利如飴甘苦之趣不勝也濃淡之境不勝也易知其靑識明義為甚而利何以獨甘義為淡而利何以獨濃自作不可解者在此盡利中原自繁華曲可喜可戀之味不減於義者也他人不喻小人喻之矣不然人世之綱常名節亦大矣其可以敎鼓我綿絡我者限苟非有精曉深解何以剖下邪之而不顧名教招之而不回此必沉溺之極喻故也欲以君子視小人未有不悲小人之愚者也不知此未可相悲也義中有悟境利中亦有悟境道心人心不同與

者亦同正意君子小人其喻如此

王美中曰義利之辨截若天淵兩喻字牢不可破文中鑿鑿言之

警醒沉快為此題確構　移程喻字立論爲甲題敵

此四句不有晚

羽皇有云心之喻不可知正從其事之精熟處見耳是故予嘗有

曰天不容好人做一件壞事做來便要做壞天也不容壞人做一

件好事做來也只是個不好即羽皇先生講喻字之旨陸子靜

謂科舉純是喻利這一句話都陷溺天下讀書人無一個上達的

夫科舉中忠臣孝子理學名節豈少其徒哉但虞向後舉業差了

路頭愈趨而下雖不制處也只驚之矣呂晚村所謂求昔日之小

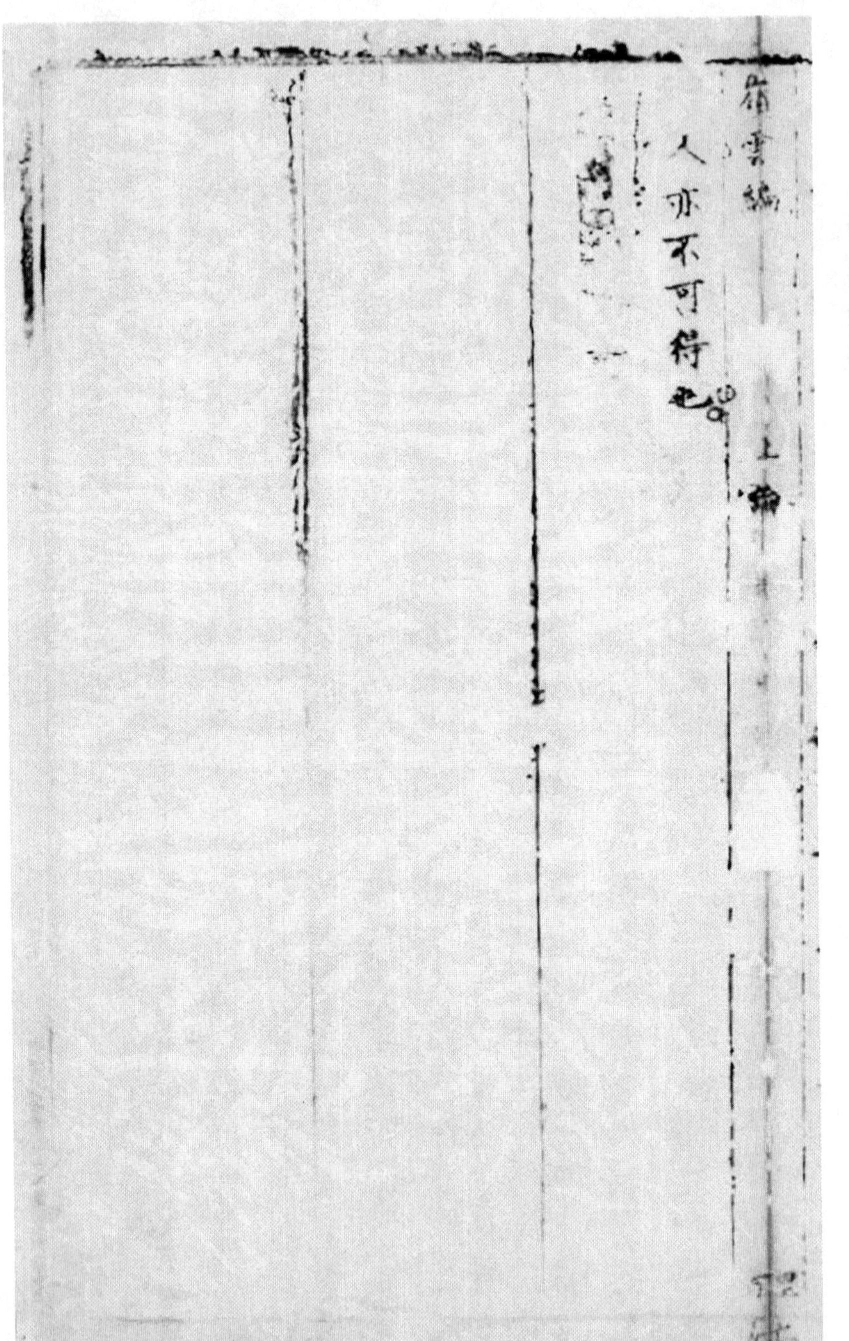

人亦不可待也

君子喻於義 二句

九名 王世棠

公私分而人品定，人之於所喻者而已矣。夫喻同而或利不同義利，君子利則小人，人品之定於所喻也如是哉。嘗思觀人者不必於其事爲之已著也，亦觀其心之所屬者而已。屬於心者學則公之至者明以生，而積之久遂益公而益明也。屬於心者欲則說之至者隨以乘而入之深，乃愈險而愈說也。蓋論天下人之品，以君子人分別而核君子小人之寔，以義利爲斷。独善者未足以轉世有可謂天下之義，即不外利一身之義。君子與斯世辨是非，不亦已計而審其品，析於天人者精也。興業者不足以肆好，故有

廿一

十五房

而背於義利即有允附於義之利小人內藏夫機詐不妨外示
以樸誠共誤用夫聰明者久也所謂喻也義與義相比而合焉而
不涉於阿義與義相權而分焉而行不流於激非君子與君子
之款篤與同也有共喻於義者而義以合有各喻於義者而義以
分耳至於氣以尚義而直勇以見義而生雖日與小人居而所喻
罔得而問之矣利與利相引而合焉而不計其終渝利與利相蒞
而害焉而自矜其獨得非小人與小人之好為黨伐也其共喻於
利者而利在曲全有各喻於利者而利適生害耳至於慾以殺利
而多名以專利而取即日與君子居而所喻亦罔得而救之矣是

皆有微諸事業者焉佩委紳垂其受天家之寵命而爲國爲身之
念即義利所由分也君子靜以鎮物若無可紀之功而大節必淨
發難端而能善其後小人深以察我即多有為之奉而偏私日錮
趋捷徑而不顧其初一往而深咸谷竭其知慮而黽皇盡職準於
義則揣度維精呵附取容徇於利則得爽皆患有微諸季術者焉
朝夕考究共為爾室之闇修而为己為人之心即義利所由判也
君子之行必自反而動靜之體念思以制事者制心小人之懷亦
自斯而旦晝之經營以趋逼着避禍分途以赴皆各注其精神
而主壁方寸合於義則不㝎是有以相副誣惑世役於利而棄取
[illegible]之定於所喻也如是用心能可不慎哉

廿一

君子喻於義 二句

王蔚宗

所喻各有斷判於其人也夫好義孰如君子貪利孰如小人夫乎曰是亦知其有獨喻之神耶今使人欲奮其孤往之力而未悉此中之曲折將執不轉而自疑故夫從理從欲之介不必窮其力之所趨而先窺於念之所繫斯人品著而幽隱出焉一蓋嘗思心知之幾微而著積入而愈精其始既有所獨見而其終遂與之相深者所謂喻也吾竊特此以窺君子小人人生邪正之態來其機存乎自定而一成不易要有各止於此之一途畢生志趣之依斷其中本不相謀而日習為安遂有獨得於此之一境夫其各止於此而

蓋得於此者何也曰義也利也而君子小人各不自言也理欲中之原委實引伸不盡之端而神之發越返之寂然隱微時豈其來會觸焉而已矣理欲中之總方更有維繫甚堅之處而心之所結聽之造次顛沛亦隱隱其相依以於是焉而已矣事物之來於前也自君子見之則為義自小人見之則為利即義即利其端介在分毫而岐而趨焉各自以其通曉之神密分境地嘗夫一往不逐幾不自知性情之所際何以於義偏明何以於利甚悉倘其意仔揣與安知喻義之君子不引而入於利喻利之小人不轉而入於義也然而斷斷無是也念慮之動於微也君子不必求利

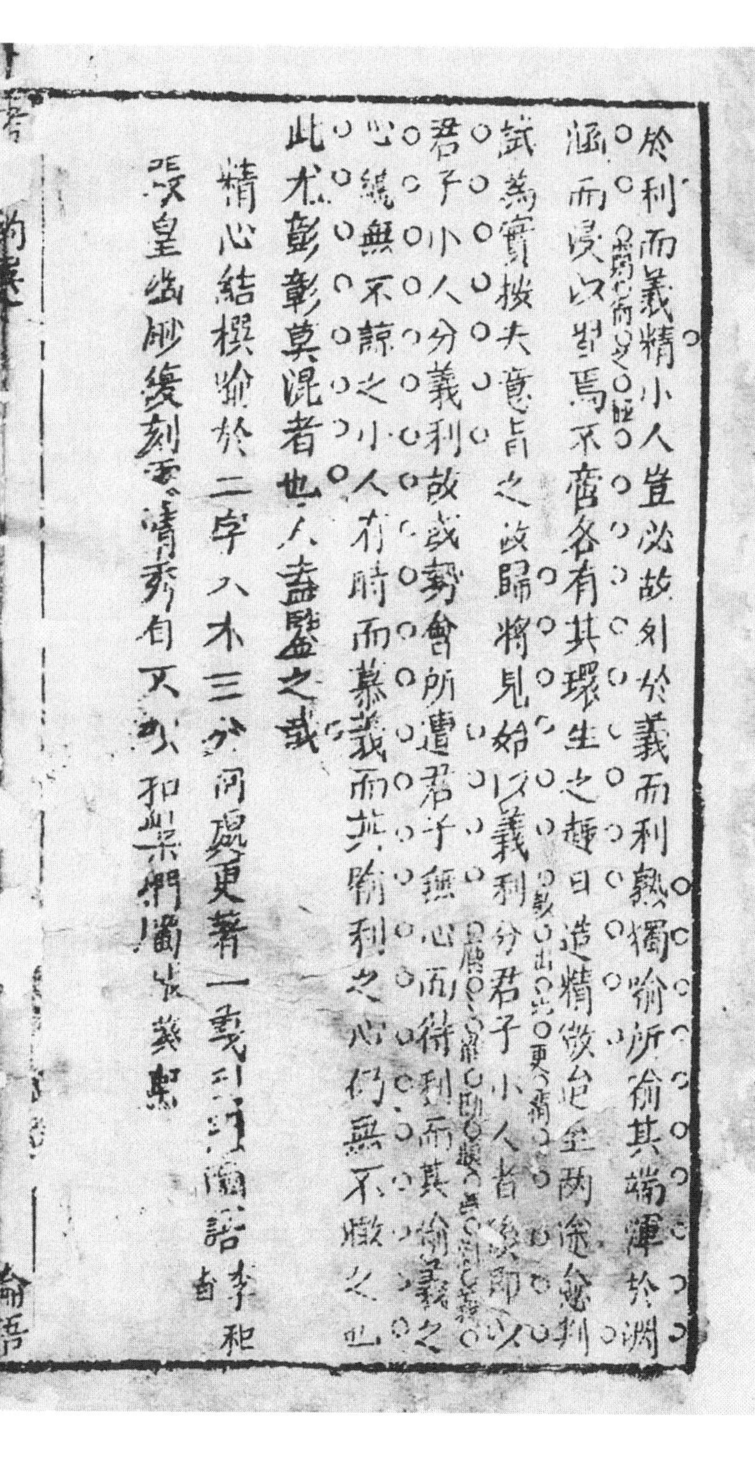

於利而義精小人豈必故外於義而利孰獨喻所喻其端渾於淵
涵而浸以判焉不啻各有其環生之趣日造精微至兩途愈判
試為實按夫意旨之攸歸將見始以義利分君子小人者終即以
君子小人分義利故或契會所遭君子無心而徇利而其喻義之
心纔無不諒之小人有時而慕義而其喻利之心仍無不徹之也
此術彰彰莫混者也人盡鑒之哉

精心結撰喻於二字入木三分洞竅更著一義利二字關語 李和甫
得皇然妙緩刻雲清秀自不可 和梨槧閣先義墨

考 約選 論語

○○○君子喻於　一節　　嘉慶己巳會試　孔傳綸　元

嚴義利之辨，公私所由異矣。夫等喻也，而義與利異矣。觀君子小人者，亦惟於公私間辨之而已。理欲之互乘，機至隱乎，大亦察之於心而已。精其心以與萬事相衡，當未來而心之制乎事者已豫也；紛其心以與萬物相接，取來而至而心之溺於物者已深也。且夫始別於微茫之際，其終定為趨向之方，而其天人理欲之交，遂各歧焉。[illegible]不然、[illegible]之言存義也，利以和之，義之中有利也；即如[illegible]也，義以方之，利之中有義也。義與利相反而實相因，夫何[illegible]之不可見利，亦何利之不本於義？然而君子喻[illegible]然而

小人喻矣生人之大欲君子不却之以為[illegible]志氣既清剛大從

而配之義之尊也[illegible]能陳之矣故性情正而一心之用並協經綸之

制事之大經小人每折之以自飾乃趨避既明紛華從而中之利

之道也而書戒之矣故德見於而百念之營國非機械此喻於喻

利之所由別與情見謂君子見於不見利亦意念之中禮所由協

循長而喻之殺也謂小人見於不見義而神明之津[illegible]所由作術

於知喻[illegible]悉[illegible]其淺與[illegible]利反而見其喻乃以相因而直見

此[illegible]知[illegible]就不性從違之界其而相背者每於欺獨知之

也[illegible]其[illegible]利[illegible]于[illegible]矣恐常惺閒有以慶義無以理見而正離

更精

之物深矣。於是君子小人各取其所欲以為法嫌疑似之交精義者惟知準理而前其名之也，何利肯並須身圖，乃其隨覺變通是非且不始於其見而精神前之彼此自揣其懷，君子祇率其為君子小人祇率其為小人所喻亦惟其[illegible]然而喻者也，亦能自喻則喻之知真矣。故第觀於措施設之間，則君子之經綸萬端無在非正誼明道，小人之情狀皆出於作爲，快營私其或行我不必不相也我利不必非義者猶其[illegible]適然者也而中藏[illegible]相悅哉。苟深究其材力聰明之用，則君子嚴於[illegible]，自有怡神悅志之趣；小人肆淫貪求，亦多衡慮困心之境。蓋其於義有所不伸而不

惻利有所不得而亦不悔者皆其情之固然者也而神明不與俱化哉一室而判千古聖狂之界一念而有於貞邪躁之分可弗湖歟

磬澄心以凝思淵深眾慮而為言透闢精微兼與如嘖如之勝　李柜香

通体純用總發精心融結亦透重圍肩淺家當奉為至寶　楊金城

君子喻於 一節 其三 汪份

微言君子小人之辨、其心各有所喻也、夫君子有所喻以成其爲君子、小人有所喻以成其爲小人、義利之間、人可不謹所喻與、且夫人各出所見以行于天下、而孜孜焉皆有惟日不足之思、使其人易地而處之、則在彼不知此之術行爲可安、而在此不知彼之擇術爲可樂、蓋彼此之邪正不同、公私相反、而要之其心既各有所知、故其心各有所篤也、吾以是得君子小人之辨焉、今夫君子之一有所爲也、而當世之小人、從而交怪之、後世之小人、從而追咎之、不以爲甚迂、即以爲自苦、然而君子即欣然有所不回者、彼小人誠不知君子

汪武曹手稿

自有所喻焉耶乃子之于天下也言不敢以妄發而必依乎大義之
不敢以苟動而必依乎正理夫君子豈非真知義之可親而親之者
乎原夫君子之心不由乎義而遂覺俯仰俱難以自安必由乎義而
乃覺天人胥可以無愧是故人方爭慕乎三公之貴而君子以為
如吾天爵之榮也人方營求乎萬鍾之富而君子以為不如吾至
德之可飽也蓋真知其帝之所當然而以為不容已又真知其理之
所以然而以為不可易當其守一義以為趨絕不知天地間可由而
不可離者更有何事其就義也甚果而其取義也甚精是則君子之
所以異乎小人者而已矣今夫小人一有所為而嘗世之君乎趨而

君子喻於一節 其三（論語） 汪份

成功之後世之君子又起而争論之不惡其無良則哀其不智然而小人卒斷然有所不顧者彼君子誠不知小人之自有所喻焉耳小人之于天下也偶然之議論而未有出于無私一時之舉動而必非出于無故夫小人豈非真知夫利之可好而好之者乎原夫小人之心不得乎利而覺此身絕無以為樂必得乎利而覺吾生始得為不虛是故人方畏夫為惡之不容于公論而小人以為吾不以人世虛名而廢吾躬之厚實也人方畏乎為惡之不免乎得禍而小人以為吾不以異時之遠患而易目前之近樂也蓋真知其術之能以必得而亦以為不可易又真知其樂之莫可名言而亦以為不容已[illegible]

其效亦利以爲貴絕不知宇宙間可得而不可失者更有何境其最
利也甚捷而其取利也甚懸是則小人之所以異于君子者而已矣
夫于彼于此而遂爲千古人品之分途人可不慎所喻哉
切實發揮又復玲瓏工巧是合歸熙甫董思白爲一人者

君子喻於義（單句題）　沈開

君子喻於義　單句題

沈開

君子心一於義、無所為而為之者也、夫義不偶君子有也、而君子所喻者惟在于此、豈非無所為而為之哉、今夫理之聽圍于無尺者、楷禁乎說以為明者、立其依而不可稍越也、以正大者施其用而不可少紊也、而要必精之于方寸則志乃凝一而不分、集之于平時則意乃專勤而罔間、是在君子、天于人類之中獨表而出之、曰君子豈不謂君子固義之所為乎哉、然義非僅君子有也、乃並君子于上而若得所依歸、懸一義于前而君子自生其意趣、則以君子固喻于者耳、天下無強性之忠孝、故任天以行、不敢飾以為、名之且天下

國子監張大同成考　一名　四十九名

無適心之氣節故奉真以赴不敢假以為希世之端蓋義之[illegible]
尚明君子𢌿此直如性命之不可離而取之則必精俾天下無一
遺義之似藏之則不匿俾吾心無一有外義之私誠恐稍為背棄而
吾義之所在或且隱而小之也則其愈有深焉者也天下無阿世之
學問故定諸一己不敢游移于声勢之交天下無離本之功名故務
諸生平不敢紛紜于馳鶩之徑蓋義之為用也正大君子當此不當
飢渴之所必赴而義有為所已定則從入以殫其心然義有為所迭
迁則旁通以悉其變化誠慮一加殊怨而吾義之所在或[illegible]淆而滯
之也則其愈有摯焉者也蓋君子精義之學早已獨窺其大原

司〇〜〇利〇利
六十〇機〇文〇上〇吾〇所〇為〇而〇為
有〇字〇先〇欲〇不〇入
精〇义〇集〇以〇自〇慰

天下之理至義而始（精微語）盡吾未底于義耶方皇皇焉如有求而弗及吾已協于義耶有坦坦焉若導往而識歸非此不足以為義即非此不（喻字表裡俱透）足以為喻是故淡泊相遭別具無形之鼓舞推擴盡致益微所蘊之神明君子集義之功又已深脫乎無外而知一已之念由義而始純吾于義有一未至耶固竭歷以赴而不憚其煩吾于義罔有弗合耶必纖悉皆入而不留其隙非義不足見喻之真（淺快語）非喻亦不足見義之盡是故歛華益世秖以靜証其醇漓閑淡寡嘗自足內貞其素廑君子喻于義此所以為君子歟小人豈盡無義而其如所喻者利何

对照利字曲曲洗出喻義之故精深透闢上掄丑胡奈批

君子喻於　一節　　宋衡　擬程

以義利定人品各著其得心之徵焉夫義與利君子小人所以分而
喻則有各得于心者矣此君子小人之極也且天地之生人有異形
無異理人生之行習有殊志遂有殊途古今以来不知幾君子小人
其間矣盡皆取而斷之天下有君子即有小人天下有冒君子之
（冒此〇敢高致挾譚令附華譽貌仰羣）
小人必無似小人之君子机甚微也道甚别也吾為定其歸曰義與
利而已矣夫義正路也辨之不殫盡剝榛矣緊惟君子晰之于至細
（字〇筋）（筆力堅如鉄）
而制之于至微覺天壤間得此可以成人失此不可為人者義以外
無揺惑無失向也其言詩書其行道德其為己也中立而無倚陂矣

國朝排墨遡瀾　康熙庚午科順天　上論

為徒也道窮而無党援既衍可循焉百世可俟焉榮辱加之不能易也死生臨之不能奪也蓋其喻有徵焉者矣天利並斷也覩之不真猶踈漏矣緊惟小人審之于至熟而網之于至密覺天地間得此有以勝人非此不可為人者利之外無兼營無二尚也其言巧詐其行詭遇其為己也便身家以逸子孫其為徒也重党同而爭伐異名節弗問焉禍患弗慮焉陽為施仁盜名以欺世也陰為濟欲害人以益已也蓋其喻有徵焉者矣夫喻則義利之柱而君子小人之歸也可不慎歟

是个君子便喻于義是个小人便喻于利此如氷炭不相入薰蕕

不同惟把義利界看得斬釘截鐵將字乃各分一般景象而于字亦不粘自合矣于各分一般景象中使之內外始終都尽方得君子小人全身筆力識解俱臻絕頂而透關則勝荆川遠矣　李岱雲

君子喻於　宋

○君子喻於義　二句　　八名　那峨

辨人於所喻欲學者善用其識也夫義利之分君子小人所由辨也要皆於一喻判之人可不善用其辨哉且夫知識者學術所從入亦流品所從出也理欲原互勝之機挾其識以分營之斯互勝者各處其獨勝天人有相反之勢濬其識以專注之斯相反者遂至於相離同此相識之處而於所以用識者别之斯學術辨而流品亦辨吾嘗持此以論君子小人純疵分於學術而學術之[illegible]疵意見早有以開之悅慕深則研幾必力研幾力則剖析必精萃畢畢生之志慮聰明萃萃焉而各有所善邪沿於流品而人品之邪

正旨極先有以快之由玩味而致精詳由精詳而為洞徹極當躬之心思耳已竇竇然又各有所甘所謂喻也而於義於利之分君子小人遂判然矣無所謂而為之為義論是非不論成敗焉無為所不為亦為義遠恥辱非遠禍患也縱憂虞險阻人世難堪而境之逆轉成情之順人見為大不利者君子以為義在則為此外別無賞心處也迫至心與理融理與心洽識者知其躰驗維深矣使於己者為利道味淡故世味濃焉徇乎人者亦利性分輕故勢分重焉縱忠孝節無有時偽託而外之公祇濟內之私人見為合於義者小人以為利在則然非此更無懕心續也迫至情為境遷

境與情縈識者知其饜飫至久矣此寔有甚於喻之先者矣集義以養氣精義以入神操之沉者扶之與謀利有其才貪利有其性求之摯者探之微極之事參疑似賢愚善蹠一轍而君子視為理之所安小人視為勢之所便共出可用之靈明而跡一情殊迥不相涉可勿辨之早辨乎此更有著於喻之後者矣挹義而處仗義而行推之準必循之熟遂利者迷放利多怨入之久必習之深極之勢雖並立臧否漸至交攻而君子欲挽其營利小人偏嫉其秉正并挾各具之知覺而致志專心兩不相下何其歧之又歧乎要之義者利之反利者义之害同此喻也而君子則小人矣可不慎哉

闈墨　卅

君子喻於　一節　唐順之（荊）

聖人論君子小人之所喻以示辨志之學也蓋義利不容並立而其幾則微矣是君子小人之與其所然而學者所以必辨其志也歟且天下之事無常形而吾人之心有定向凡其無所為而為之者皆義也凡其有所為而為之者皆利也君子何以獨喻於義也蓋君子之志未嘗不公諸天下也志未嘗不公諸天下則其所見無非義者即之不可以奪也身之不可以辱也一介之不可以取而與也知其如是之為義而已矣雖或有所難焉而蹈自好潔之所深避有所受焉而冒卹潔者之所不屑此其非若趨於利者然在君子則亦惟知如

簡安編

是之爲義而已矣何者彼一無所利之也是君子舍義則無所喻矣

小人何以獨喻於利也蓋小人之志未嘗不私諸其身者也志未嘗

不私諸其身則其所見無非利者機械之欲其巧以捷也窺伺之欲

其專以密也舜跖之欲其端以審也知其如是之爲利而已矣雖或

有所動而遁焉以自好有所矯而委焉以自潔此其迹若疑於義者

然存小人則抑但知如是之爲利而已矣何者彼固喻所利也未

小人舍利則無所喻矣夫徇義而委於喻則利之所不能入也徇利

而至於喻則義之所不能入也是以學者貴辨之於蚤也

焉君常曰語濬而辣真如堂上人斷堂下人令目即極意

喻於　己丑科

不能透出其外。無所為。有所為。二語。已攝盡鵝湖講義。生平功力輕圓矯捷。一字不可增減。故愈老愈新。陳百史曰。存疑云。喻只知到極細微透徹處。已有行在。不但知之而已。○兩人喻處。判若黑白。蓋分別言之。以見人品心事不同。如此。非各就義利中較淺深。近吳駿公作此題。將君子小人屬名位尊卑上說。義利屬職業上說。謂君子便該喻義。小人便該喻利。明別其黨類。因各任其性情。此等立論。雖似新特。然未免求新太過。聖人屢舉君子小人。若周而不比。泰而不驕等題。如何說去。所謂立說貴平也。

君子喻於　二句　依原評點

李學台月課與化府學白　唐煥章

喻各不同、心術判而人品殊焉。夫人知君子小人之品殊、而不知其由於心術也。惟義與利、其介有所喻者、其兩不相喻、皆平。且天下局之事、必非局外之人所能悉其甘苦也。蓋性情有獨到之處、各挾精意、以自研神明、有默會之端、其能取懷以相自古今人心、非一試為窮其心術之微、而貞邪之介界、遂以共揭于兩間。吾於斯與天下相循於天理之所宜、何不洵乎人情之所公、因以君子之所喻、為斯人揭其真焉、一念所感、依入其[illegible]歡。以告人而日注神凝、惟此一境、水朝求夕[illegible]不

藩

能以終日矣。衷懷所眷戀專其……不惑於也哉何……紳命惟

此一事極如飢如渴之情也而合焉矣。乎其未解矣是九之

君子者以義而義固其所喻也。小人之為小人者以利而利固

其所喻也。今夫人有同事而異心者。吾書稱樂君子取為修身之

其小人襲為遯世之資。富貴功名。君子篤其濟時之略。小人快其

植黨之緣。日用之地。一境徵為兩情。一則盡其所當然。雖千駟萬

鍾不以易其天爵之貴。一則巡于不可必。即懿行嘉言。難以饜其

厚實之思。蓋均此性情之各造其極者矣。人有同心而異事者。才

智則君子祇循規矩之則。小人必極機械之工。精神志慮。君子

惟惟怵怵捐小人不顧身名之玷幽獨之地一念判成兩途也實勵其前修而凡民攸好不離舉而公之天下彼也虛懸夫後效而有生同欲直欲畢而取之一身蓋同此神明之谷會其微者矣吾於是見君子正義不謀利之學焉吾于此見小人計利必害義之心焉視履而獲考祥君子未嘗無[illegible]身之用而入恬淡之胸懷祇以求合乎天理之宜至利之所在任小人營其私夫惟析義之精辨義之書故其所旁騖無所回或性之指驅趨[illegible]天壞不知之忠孝乎且而見天心小人不必無偶然之合而極[illegible]之衷懷怵惕盡乎人情之欲至義之所在即[illegible]子小人彼其[illegible]

謙　右識

惟窮利之清。盡利之變。故身亦可行亦可……
成古大之奸雄。當其未喻以前。君子小人之習……
故出于閱歷各然。其不欺所作聖狂吾道無……
遊既喻以後。君子小人之好于利也篤。思運其才力皆
確然其不易而從理從欲。學人宜審趨。然則義利之間可
不真所喻哉。

首作議論正大次亦發揮盡致　原評

氣體博大意致精醇　曾西雲老師評

詞旨雍和書卷之氣溢于行間　業師林次芸

君子喻於義　一節

高于嵋

觀于其所喻可以定君子小人矣夫利非君子所能喻而義非小人所能喻也各喻其所喻而已君子矣而已小人矣且夫邪正之不相入也而人各志于其所欲得敍其心固有獨識其所以然者矣而易地則各茫無所解也夫易地而不茫無所解者則其心于此亦不能獨喻其所以然也定說也吾以別君子小人斷是人也何以君子也人何以小人也君子以小人為愚小人亦以君子為愚君子小人之更相誚也寧有既乎以己之不好而誚人之好也其所好不相喻也君子視小人勢等于己小人亦視君子勢若于己君子則互相

（旁批：即隱喻字　前八則得遠能　前幅俱主程子喻字意　發好之說）

悋也。曷足異乎。已已之不為而悋人之為之也。其所為不佃下也。甚矣。君子小人之各有所喻也。君子喻于義也。小人喻于利也。知其事之足以悅心矣。而卒他有所好者。究未盡真知其可悅也。知其遠之可以託足矣。而且他有所為者。究未實深知其可託也。是故為義為利。君子小人之所喻若既真且深矣。絕不復知夫吾所樂以終身者有何物之別可尋味。此毋論其好義好利。而所見固獨絕也。是故吾見夫君子之思日孜孜矣。吾見夫小人之思日孜孜矣。而及其注心于此于彼之久。留意于此于紋之專。而其中之奇變各益有神解窮奇。書變而自出人之意表也。君子小人皆然也。渺不復知夫吾所由

（旁批：是行起其書　此引兼　孫陸氏說）

以終身者有何境之更可卒業此毋論其為義為利而所曉各止此也。是故吾見夫君子之力行不惑矣。吾見夫小人之力行不惑矣而及其更歷之既多講習之愈熟而此中之曲折又自有別解開見會出而并越已之意表也。君子小人皆然也。夫意不並銳事不兩隆獨安能兩有喻乎。兩有所喻者必一無所喻也。是故各喻其所喻而已君子矣。而已小人矣。

刊落肥辭。獨擒喻字。纂時評云。主子程子喻然後好之說而以陸氏所謂習故能喻者足之。蓋今云爾。題義乃完。非直為二家騎驛。

江南

君子喻於義小人喻於利　　十四名　張

品以義利而分由其所喻者深也夫既為君子未有不從義[illegible]

小人未有不狥利何也喻故也則用心當早慎已且千古品術之

所由分即千古學術之所由判亦即千古心術之所由著[illegible]

欲原無並立而殊途而趨者要無不併心一志而各有其[illegible]

暢之機神而明之蘊不禁入而化之矣今夫人無生而為[illegible]

無生而為小人亦能之使為君子者曰義有所以誘之使為[illegible]

小人者利[illegible]義[illegible]而不能強不為君子者惟義[illegible]以[illegible]

[illegible]以誘之[illegible]而強不為小人者[illegible]必趨則[illegible]君子[illegible]之[illegible]

筆矯以

潛龍

君子喻於義小人喻於利　張□

所其局審於義利而各定其情之也天亦曰喻焉而已隱微之
地變化無方而至此依者悲有下據其心之與習者多也幽默之
見聞不斷而得遍而之他則神之所凝者專也然而程
予而自知為君子也小人亦不自知為小人也才智無分優絀而
各換其靈明之用以反覆於其中任理者罔知其所持尚之諭者猶
以老亦默會紛繁攻取之方與穢皆有曰品而曰長者而惜
所注則為興佛則為而於以知克念罔念之無非一念而其然
亦其徵與奚而君子獨成其君子也小人亦獨成其小人也其樓
本屬差池而各有其依據之端以周旋於其際五方正大之途辨

雅刻

渊泉選文

之審而不試偶遷富厚崇高之境亦渺乎其何能稱量而皆有相維而相繫者而品識之常經見為分不見為合於利之一途下違之胥歸於違而其為違顧有所終之故所謂喻者可以清義利之辭前而其心先入於義利中也夫見義而度義見利而圖利一時偶涉牽念尚屬浮游惟義與利總無所形而沉摯之力強之而不識餘地蕭然莫利於義利有其趨而論乎命與處緣其終乃處緣焉而共領與蘊之趣一而所謂喻於義喻於利者即緣乎義利之所在而其心不驟於乎也舍義而營利舍利而慕義中路遷嘗此中無歸惟與利依之於而安圖之氣隱據之而無

以利其饕欲其害至甚
安於聚歛其誣而去乎於
名至甚矣此心之當思愼也
亂可罰之

君子喻於 一節　　張虞惇

君子小人之辨於所喻觀其微矣夫喻者心之所明而終身于是者也喻義則君子喻利則小人可不辨哉且夫人莫不行其心之所明而不行其心之所不明由所明而終身焉以造乎其微遂隱然自有慨心之處而始之各挾一途者及其成而遂不能以相易于是心術分人品辨矣今之言君子小人者亦知君子之為義也夫僅曰義而已則辨疑君子之于義或亦勉强而合之而不知其于義有深焉者也亦知小人之為利也夫僅曰利而已則將疑小人之于利或亦微倖而得之而不知其于利有精焉者也則惟其喻也凡人意有所可

庶于頗其嗜而趨之也必不擇若君子之義小人之利覺天下之物無可以加之君子非義無以悅心小人非利亦無以悅心其孳孳不釋者矯

此股似只說了箇好不曾說及亦不知尚非喻字本位

而易焉不能終日也此人意非所獨知其久而居之也必不慊若若于之義小人之利覺天下之物無可以似之君子不能以己之所喻告人小人亦不能以己之所喻告人其默默自證者強而合焉茫乎未解也是故君子之于義或直而致之或曲而達之或守其常而合於古人之所已行或權其變而推于古人之所未及凡義中錯綜參

亦綫深暢

伍之故皆有以洞晰于平日故在他人或煩擬議者君子則投之所向無不灼然于心目之間而固已無遺憾矣小人之于利或急疾而

赴之。或遲回而取之。或受其實而不居其名。或計其大而不遺其小。凡利中纖微委曲之數。皆有以熟悉于平時。故在他人或煩揣度者。小人則縱其所如。無不較然于行事之際。而更已無餘地矣。惟其喻義也。所以害不苟避。利不苟趨。即危難當前。而內力既堅。必無改圖于末路。惟其喻利也。所以得固可欣。失亦不悔。即身名俱損。而深情所繫。猶常寄戀于窮途。蓋志先辨于幾微。而習每成于積漸。君子小人之所歸。夫亦可以自決矣。

前半主象山說。此則主伊川說也。

君子喻於義　　陸九淵

非其所志而責其習不可也非其所習而責其喻不可也義也者人之所固有也果人之所固有則夫人而喻焉可也然而喻之者少則是必有以奪之而所志所習之不在乎此也非利乎吾身執利乎吾家自舉進士而至于名位祿秩苟有可致者莫不營營而圖之汲汲而取之夫如是求其喻于義得乎君子則不然彼常人之所志一毫不入于其心念慮之所存講切之所及唯其義而已夫如是則亦安得而不喻于此哉然則君子之所以喻于義者亦其所志所習之在義焉而已耳

名家制義　上論

此之論當與講義並傳

君子喻於義小人喻於利　　十名陳春申　學正

即也〻利以衡人品聖人有觀其微也夫義利之不分何以知君子小人也觀其所喻不有以見其微哉且千古義利之說千古人心風俗之原也聖王在上為天下正其心厥以辨理欲危微之界為天下定其品精以嚴智愚賢否之倫蓋人各自具夫聰明有正用之者即不免有誤用之者而君子小人由此判然已何以知其為君子以義之所在君子安之若素矣曰徒義曰積義曰精義同此不昧之精神而君子特以[illegible]懍心之[illegible]何以知其為小人也利之所在小人趨之若鶩為於利為同利為專利其此畢生之[illegible]智

而小人特以便之之圖由之以義之名加君子君子不必居其
夫人利之名悉小人小人亦甘受其名豈知有識者早為之揭其
隱而竟其微也義不自君子創天下未有義之一途君子實其途
以待小人方冀小人之共由焉而小人不願出此也故義若為君
子所獨據而是非曲直明辨晳而純粹精利必自小人始天下未
無利之一說小人鼓其說以敵君子且議君子之拘迂焉而君子
不屑知之也故利若為小人所獨居而富貴紛華世故深而天機
淺所謂喻也哉豈生而知義生而知利者哉必其所謂誦習者在是
閱歷有[illegible][illegible]終身之心思材力而競致其功有人之道誼

機權巧名窮其變義與利不兩立而君子小人遂相背而馳矣君子與君子相較義之途所得有淺深小人與小人相較利之途所趨分巧拙然君子之所喻可由淺以及深小人之所喻乃愈巧而愈拙也心術之不可不慎也君子不為㺯所奪而一念之蹤即隣於利小人亦聞義之美而一隙之明可歸於義蓋君子不能喻小人之所喻而防其疎者加以審小人或能喻君子之所喻而用其所趨者其蒙自新之不可不早也一夫惟遵王之義無偏無陂凡所謂不言而喻若莫不夙興以求夜寐以志深悉乎損上益下之幾克凜夫福善禍淫之理潛銷之原滅貪鄙之心生詩樂休哉曷由躋

十四

君子喻於義　一節

李學院月課莆田陳拱子芑
縣學第二名廪

衡義利於所喻而君子小人有定品矣夫喻者所見之真而服之終身者也於義則君子於利則小人其可辨之不蚤哉且以人情之動而有所嗜也莫不思擇一途以造焉以自得則其[illegible]有獨領其所以然者及其既成辨欲互為易而彼此之間又卒不知其然而然識者乃於其所不自覺[illegible]有以窺之而其人之相去已迥殊矣今自聖人而下有所慕而[illegible]義者所貪者[illegible]六較也然而有不可強者其祈嚮之志既[illegible]不倦故理與欲不相謀而並域而居者[illegible]

之而趨舍之念已分則識見所至遂懸絕而莫減

岐ヘ依類以悉者斷無同歸一致之時吾見君子

人亦小利皆有各喻其所喻焉大義之蘊藉無窮而要不偶涉於

利以失其正一事也視以為義苟其（只此剝消）自私之見存焉則人心

雜其所以擇於義者必不精君子純乎道心義有可以利於人者（而下相形總是喻）

固（利悟出墨）見之而必為義有不可以利於己也亦聞之而必悅夫仁義忠

信之正小（駘宕）人之所棄之若遺者不知何以一入君子之心已而靡

弗於蓋其獨喻者早已去義之疑似而曲致其精微依違不得以

ヘ之忌義利之取攜無盡而要難陰假乎義以濟其欲一[illegible]統

以為利者猶有義之説在焉則道心難昧其所以窮于利者必

不小人肆其人心利有可附于義者固托之以自文利有絕無

與于義者亦圖之以自飾不聲色貨利之欲君子之所去之若浼

者不知何以一入小人之胸懷而有戀盖其獨喻者已衆

之機變而必窮其纖毫隱伏不得以欺之已則試為辨喻之小

從生推其喻之所終極精神必有所向即從學思長慮之地而課

虛去貫以溯其所朔君子不疑于為義下何知有利小人疑于

刻劃兩於字警醒

為利而于義叩乎其微皆肖心而出而臭味差池直判

於判然處

陰陽之相反意念必不所由歸從循理縱情之場而遂一態

縱能詭譎

究其所宿君子自樂得其義而未嘗不利小人自樂得

行不義縱其所為各盡量而止而徑途各別更截然如霄

壤若是者同得乎性之所近復有習焉以漸而相積均才其心之（陸氏喻由其習之說）

所明因有好焉以引而逾深君子小人既各成於所喻而至是且（程子喻然後好之說）

無如何之學者其可弗慎歟

李太宗師原評

[illegible]

君子喻於　一節　　楊以任（維斗）

別君子小人之所喻而當定志於義矣（說本象山而異之）夫喻於義而所以為君子者不可窮也喻於利而所以為小人者不可窮也而不以小人易君子則亦定其志而已矣今夫君子之名千古所趨也亦千古之小人所共趨也而小人卒不絕於世蓋君子有不得不成其君子小人有不得不成其小人以此始者以此終命於所志而各行於天地之間夫天地間一義而已矣天下無不利之義所以富貴福澤亦成其業物之大資天下不必無不利之義所以患難險阻又致命遂志之業義君子深知其然也忖君子之義無時不利於天下守天下之義有

時不利於君子夫豈有樣哉乃小人亦非無知於此也義足以害君子則不利君子之資義足以名君子則又利君子之名矣豈無欺歟夢寐一居處之餘也第始循而率之是君子也義足以自偷者也矣其義遂叩進以奉天休徵民欲之事矣以爲究或懋有猶行一意之君子焉而小人亦修途於其間矣道領一功名之徑也使斷斷而持之受欺君子者也義猶未足以自偷也於其黨或告天下以重名節輕君父之歸所以權天權以有相雜於不得已之君子焉而小聖心於其除矣幾微其利而猶決義以自安幾幸天下無識而有以自遂其假竊之私顛倒其義術而陰擧利以相混即深一

世有誅之者而無以自觧於朋奸之意是故千古以上之君子未嘗不見知於千古下之君子義相喻矣北門之感陟岵之歌是以可興焉然而吾有其真又可考從来君子之偽其黙黙而喻者愈微也千古以下之小人未嘗不必折千古上之小人利相喻矣奸雄之跡堅僻之行是以接踵焉即使吾以脫蓋亦欲附天下君子之黨其黙黙而喻者更微也故喻於義而君子不得不成其君子也喻於利而小人不得不成其小人也嗟乎一事之喻百日之積也終身之喻始意之成也有志者因曰天地間一義而已矣

陳真史曰必不肯爲荊川諸公之文所以爲維節之文

程氏言君子小人是就已成者而言而陸象山說到辨志則又推其所喻之原維節則進一步曰當定志於義天地間一義而已進理愈繹愈有庚午何愍人曰意入而為之主即性情於此漸異筆習而成為學即勇略於孔魯生講喻字亦確而練

君子喻於　節　　黃淳耀

喻以人分，故所好宜謹也。夫喻一也，君子則用之於義矣，小人則用之於利矣。人之所處宜何等乎。止論君子小人所喻，其相反之路苟已論。君子小人之相反者，論其造意之始而已。（不切喻字意）意發于天地之內，可以無所不為，故治心者無待其術之成。觀人者不必其事之著也。今天下可為之事不一，吾斷而歸之於義矣。義則無一不與利反，而有人焉見義必為，始必際知其可為之意也。今天下不可為之事不一，吾斷而歸之於利矣。（此治不切喻字）利則無一不與義反，而又有人焉見利必為，始必謂其能為之具也。要當以君子小人辨之。如其為君子歟，樂天

命則明而能通隔慮於則剛而有斷由是一事之至昧然起爭其心

固出其心所素著者以區分而精擇之夫義明焉微義析焉義有可

（義利對勘然極精痛快）

以利天下者吾不以其似利而或避焉義有害可以利一身者吾不

（平淡手段更奇）

以其不利而或憚焉夫非謂其事之遽至乎此也措諸一定則艱事

會千變而較然不移至於砥礪既成則幾危之至無異於空虛生死

之交不殊乎平日要之意念深矣如其為小人歟天機淺則外重內

輕器識卑則物大我小由是一事之至纔然較爭其心并出其心所

（寫得如此淋漓透徹真乃心肝劊子手也）

甚貴者以貪緣而攫取之夫事望大利焉小事望小利焉利有假義

以濟其欲者彼不以其似義而或愧焉利有賊義以快其私者彼不

以其不義而或劍焉亦非謂外事之遠至乎此也所爭一差則難免（中前之間其……）
（狀如見）
節失事而不畏不愧至於心計已獲則皆之天下自以為榮華傳之
（安詮徐善）
私人共以為學術要之經營久矣此兩人者各崇其欲則君子非但
（章盡）
不趨利也邊出無心而終身不樂小人非但不慕義也害生多欲而
走險知歸此兩人者共處一時則君子未嘗不利也富貴既集必公
之於小人小人多行不義也禍敗方來必推之於君子此無他其見
之者皆明而行之者皆力也
（前寫易放寫另醒）
喻只是明而君子只於是非上明白得盡小人只於利欲上明白
得盡力行在篤好之後篤好又在深喻之後從篤好力行處推勘

上論

上評

判喻字則可。在喻字中矣。雖篤好力行意。便不清切矣。其于義利

字驃異態。鏤刻精快。如鑄鼎圖經。令怪物無所匿其情狀。則寫生

神手也。

君子喻

君子喻於義　湛開漣

喻義歸於君子所以定天下之志也夫唯志專乎義則所見無非義者益如君子義不且日明於天下哉且凡事生于所見之異而之推出於取類之精有志聖賢者非必孤行一意也大中至正之準亦常寓于日用之間而見者自親早已豫乎理之所不能遁蓋以學術定其精神以精神生其明睿其人可以立天下之大閑而其諳遂以獨隆于天下哉思君子矣性情者天下感觸之資而君子之性情為獨正縱起念至微其寤寐之所營有歸宿焉天下未有歸宿之地而猶不悉其委折者故有以為平日之所宅即有以

丁酉湖南

為一心之所通才才者生人應用之本而君子之才智不自欺雖變通不居其朝夕之所依有穴業焉天下未有定業之所在而循不徹其源流者故有以為終身之所安更有以起當前之所悟蓋天下之事以義為斷而君子之義以喻而精舉世皆為己之學則幽獨內照隨所往而不失其度將義之名亦可以不居所謂義者正以存相對而生者耳君子力爭其介綱常名教之地屏萬念以相深得失求寸心之知而身世無兩全之策即有時悔吝多端艱難畢試而君子之卓乎不拔者其介如石焉相對者嚴其防斯其於義也親以切適宇內紛紛希遘之業則素履無沿隨所適而皆見

與天辨義之淵源而以不疑以論義者正以有相從而形者耳君子力研其際是非可否之間研一心以相入于無不可以告人而理則惟其所獨解即有時迹涉纖疑事雜其信而君子之行所無乎都其心如結焉相伏者絕其緣斯其于義也精以審爾一刻而見天地之心未必無偶然之合君子之喻獨能弘伸於無盡者非至君子而義之數益多也有主而立無物之先有覺而大無為之用至當之地要未可以增減則此中之消息非可論議而此中之默契自有性天未嘗而昭著明之驗豈後有擬議之煩君子之喻更有愚縱而不使稍非至極而義之境轉深也百行而有一念

之際小青而欲大德之知不易之準卒無可以旁參則一己之審察剖之愈微斯一一之篤好因之日精是非別而是中之非亦別其心精而皆由于所志之不移真偽分而真中之偽亦分其識大而皆由于所習之不雜若小人者安知不以利為義哉甚矣所喻之不可以強同也

昔人問利對何字答曰害曰這便錯了利與義對方知入聖之門此文中二比得之　吳荀叔

對照下句着筆健筆淩雲迴視一切皆糟粕矣　朱功偉

君子喻　湛

君子喻於義

錢禧（吉）

辨義至於喻、君子必無不義之時矣。夫言義必歸君子、然不計及於喻、猶可以不義間之也。故曰、君子喻於義。且論人者詳其隱微、則浮務不足感矣。立行者專其志覩、則外物不能誘矣。世有君子、處於貪鄙之俗而動獲古人之名、托於萬物之中而獨懷一體之意、其出於義而不出於利、必也。天下不盡知有義而盡知君子之於義、何足而相推服乎中心、著於識然、亦可使不知之者亦信也。天下知君子必於義、不知君子於義如此之親。其志趣不相入也、人各為其所欲人難與不同道者為謀矣。是故義人所同也、喻亦人所同也、喻於義則君子所從也方其未有感也君子與世偕寂而精義之功正在不見不聞之地擇也詳則審之也樂精神動於內而與其所如而發然於念前[illegible][illegible]物焉及其將有為也君子與世偕作而行義之際正在萬萃萬變之交資之也深則用之也熟意神動於外接之所向而觸然於吾目者皆是物焉夫人於所最明之處雖纖毫不能相勝君子獨於義則然故有將矜細行勤小物大願乎希潤不近情者之為而不知細微備詳全體之學為之也觀人於其所忽觀君子之義而推詳於俯仰無非慕則觀之情矣夫人有所必欲停之物雖嫌疑有所不顧君子獨於義則然故有時諱大節得大諱規規潔身之士且欲

其後而不知變通在我無欲之心為之也察人於其所秉察君子之
義而究極於喻更無有為而為之私矣是以君子在下則貧賤不以（對意更深一層）
累其心樂天知命盡人事以俟天時其得志而在上則富貴不以私
於己用人理財推王道以治天下是人各有所喻而喻義獨歸君子
也然則世固有未能為君子而不必為小人者皆當正其所嚮而舉
圖之矣

矣次尾以其講喻字已無剩理而對小人說君子對利說義比真
不易之法

仇滄柱曰同一題下行文先筆出以實時手出以虛實則能以本

續雲編　　　　上論

位置下文虛則總以畫射擁正位請看士此作題之前後俱到何

嘗一語涉跳題之習及正先後發除上下八股之法之意盡於

此矣

卷七 百廿三

君子喻於義小人喻於利（論語）　顧元熙

精核

明入真際

○○○君子喻於義小人喻於利　嘉慶己卯會試　顧元熙　二名

辨義利以知君子小人之心各定其所喻而已矣夫君子小人之分分於事之義利而其所以分者實始於此也嘗辨於其心之所喻乎且夫人知正公私之別存乎心術於為先所見於事為以成人君子常嚴其後焉者也因心術之微為歧因事為而人品以論人者辨其事以觀其品而曉然於邪正公私之不淆亦思夫所以不作為自此始也行也天下之事莫不有義利盡之矣天下○亦萬有不齊君子小人盡之矣[illegible]君子為義小人為利是以觀殊途之義利而定為已成之君子小人又何以辨於其喻辨

入木三分

果然精專

於其微也哉行審著之義而後赴即君子獨以未必從衆者之機

而後趨則小人反多顧忌所最難昧者本於心之獨見而已撥

之責哉之嘗為可就之義亦無幾之以小之業我以為可取能嘗之則百

亦無多所最難忘者存乎心之無窮而已惟其喻焉故也是以義利

判為兩端而君子小人未必一也惟嘗一專君子小人判然兩術而

義利之何嘗不非在一途也是君子小人各求其所欲求焉一嘗

宗高之際其信屬於其立名號無利而前其縱心趨徙清

澗然處形而意向所岐彼此納形其見乎樂得之以為義

小人樂趨之以爲利所喻者亦其類相喻也莫能漸喻則喻

君子喻於義小人喻於利（論語）　顧元熙

絕非苟利也小人惟[illegible]情既溺則有時遂利端以襲其而情漸終
[illegible]哉[illegible]也[illegible]在品行[illegible]在心而[illegible]無非[illegible]之[illegible]
懷情之緊從人之[illegible]正而[illegible]十何以[illegible]矣而小人[illegible]
[illegible]
淺[illegible]君子惟知義之[illegible]特集義而不爲利疚[illegible]而必[illegible]
義勝[illegible]小人惟知利之可[illegible]利而[illegible]義而正
爲[illegible]公私片念[illegible]終身而[illegible]則以[illegible]之行利[illegible]
[illegible]之戒今神之法[illegible]若性[illegible]而[illegible]德[illegible]日新矣而小人
身真知[illegible]夫惟義利之辨明進君子遂小人由是義既埋而道

德可以和順矣利用圖而淡泊可以明志矣恥讓興心術而品誼

正風俗隆其所以大法而小廉者胥是也

心精力果元氣淋漓真有俯視一切之概　李和香

處處扼定喻字或用衣或質總發絕不下一平鈍之筆　李評

謂其心精力果洵然　楊八城

君子無入而不自得焉

亟推行素之樂、有隨所入而皆然者焉、蓋自得即位而富而非行素者不能領也、無入不然、不可為君子、極推之乎、亦謂吾甚惜人之日逝于世而歲歲以終其身也、則即當前一二境、亦且抑鬱于懷而無以自解、況映無窮之閱歷乎、而君子無慮此矣、以一身歷所遇之紛而絕不留纖微之憾、則天下更有何遇焉、足以役其神明乎、以一身當外境之變而必不貽缺畧之訕、則天下更有何境焉、足以援其性情乎、君子乎、不且無入而不自得乎、我生之閱歷轉盼焉而即變、入其中而不以不變者安之、將無時可以任我優游矣、乃君子于富貴貧賤數端、處之若分內、而應之以無心、可以百年不易其境、可以一

敬抄集八編　中庸　五

○自屢遷其境何在不自樂其性天焉人世之遭逢俄頃焉而倏遷入其中而不以善遷者應之將無地可以容我托足矣乃君子于富貴貧賤諸境視之爲當然而處之若無事守一境以終身不厭其久歷萬感于旦夕不覺其煩安往不自鳴其豫快焉曠達之乎無欲離遭自處而變遷之數偏若于我獨多則轉增惆悵耳君子一任乎外之所乘而順以受之凡可驚可懼之境至一如至平至庸之可安而已矯則之流常思即境自持而勉強之爲從不可終日則轉覺勞苦耳君子一隨乎身之所歷而安以出之凡生人所見之遇一如吾身性命之謂而已所謂素位而行者如此

名言快論豁己醒心

君子無入而不自得焉　至末　　倪雨化

君子有自得之學。而身外無求矣。夫隨入而不得於人。尚何求哉。居易以俟。反身而已。此中庸之學也。且夫人以身入世而不求有得而無失也。雖在君子亦知其難也。吾以為惟君子始覺其易也。蓋外來之險巇不形。斯内出之神明有主。得與失。權之在己。而於人無與。則隨其身之所入。悲可居之以自求焉。如君子之素位。固求在身而不求在世者也。求在世則以為政而拂意之事物與身遭。求在身則己為政而愜心之緣難為人喻。吾思君子果何入而不自得哉。置身之境。順逆不可知。而自素其位者。入之既克如其分以相盡即無不遂其往以相安則仰不愧俯不怍已隨所處而自如責身之端窮通不一致而自行吾素者入之既不以處乎衡而改乎其度即不以居危地而變乎其常故樂則行憂則止亦然所適而自適夫君子之無入而不自得皆君子之無在不正己者也在上在下履之而泰斯變動不居之位皆可據之以安身為天為人隨之而豫斯盡其在我之求且可貞之以立命蓋不陵不援於人無求也不怨不求所正在己也君子之正己君子亦其他有所得哉蓋策身而入知能行習之道闕雖無奇而知人世之所謂利有攸往者斷不出此也身以內之刻勵維勤斯身以外

之營謀俱息矣奉身而入子臣弟友之場圖之無異數而知人之所以得主有常者大率知斯也以立身之入願責之當躬斯以終身之遭逢聽之造化矣居易以俟命此君子之自得所以只於小人之徼幸也不以世故而妄為營營自不以俗情而生其戚戚不以得心而矜其燥氣亦不以失意而別為痴愚此其道知非焉問失諸正鵠者欲何所怨尤而不反求諸其身乎君子知鄰險之途皆入所自造而落落窮年終不紛於心所倖邀之數衷甯之性之非命所得窮而坦坦自率併不授權於不可知之天蓋天下惟能反求者為能自得也不願外正君子之素位也

按部就班而機勢流動不可遏抑原評

君子之

倪

君子無入 俟命

于鄉 [illegible] 侯 福清 張甄陶

本省貢生第一名

隨所遇而安於理正己之至逞於命矣夫身之所入即己之至理所存陵援怨尤均命之所不許也故惟能自得者能安命也凡人之所閱歷皆至理所散殊歷之而有不適之情是弛躬脩以衛氣數也君子即身循理理之所寓其猶以宅其中數之所遭淡泊以恬其外以盡己者承天大道乃歸實用耳素位之君子盡人以合天者也萬物之體皆各理附於身而視為信器則莫勝莫貴輾轉而難安抱艮止與為紛來者行處不見無物可開其趣且則一境守以一心夷險平陂隨寓皆完其全分六虛所流皆至數迷

變矣
其中而遺其精義則於彼於此又覺踽踽而無從乘乾行與為予
尚者變動不拘易地各還其要斯一心適於衆境升沉真詮得失錯
綜忽協乎時中則其入非境之入而心之入也其入之而非己
之得而正己之所為自得也君子無徘而不正己也又何入不
自得哉位在上上有己位在下下有己游之而無以自盡則於以
自然循之尤難以盡副則轉以殷然己細中觔而入難證骨如秋鷹其盈虛己以後
何庸其畔羨天人一理交相遇於微氣深自心之則油油然而默
以化也在上而陵下非正己在下而援上非正己分之以自克則
獨策之功合之以相求又而盛之數已方貞爾其欽厥曰外何

所動其依違尤怨而端然所究於課虛責實之學又惟坦然所

淵而忘也則吾由其循分安理之真修以窺其至命達天之實學

讀觀宇宙之內數有百變理祗一端君子守乎理以為程愈懲

與學核之以通於奇者皆歛之以歸於貞吉凶禍福不爽以紛

視聽言動之功則任氣化之推遷而安土敦仁早寧謐以貞其識

參兩衛身世之交天不可知人堪仁盡君子修之人以立極愈精

愈物庸衆皆之以驚於偏者必衷之而得其常仁義中正竝不遷

以愚迪從逆之說則以堅貞為順受而安身利用益震動以集其

功矣其居易也其素位之功也其俟命也其不願外之學也自正

其位中之巳無求於巳外之人。君子之無入而不自得凡以此也。

于太宗師加評

韓子之論文曰非三代兩漢之書不敢觀非聖人之志不敢存或以聲音采色求之外矣似此扶經之心與道爲體〻其不判器識學問爲兩途

大中丞西川王老夫子加評

精理幽實灝氣排空今人不識崐崘派持此尋震川之風軌猶魯公之肖右軍也

萬曆己酉應天　張魯唯

○○君子無入而不自得焉

隨遇而全其心、有所以行之也、夫心以位為域者也、能行乎位則自無不得矣、其斯以為君子、且人之營營焉圖勢之來、然者終無所得者也、即悠悠焉任運之自往者、內亦無得者也、惟君子隨所值而盡所以行之、則其心可知矣、蓋謂之曰行、以我之心神才力實與位相檢點、位在則我亦在矣、借位之游移轉徙、默與我相周旋、位得則我亦得矣、故君子者非曰離境而不染也、以身入於中而天常定、非止對境而凝攝也、隨身之所入而神不驚、人思出逆而入順也、亦非真能處順者也、順境中原自有逆、逆境中原自有順、在自持之耳、有獨

（龔天語、從行素發源○）

（○韓云單捐行字）

（韓云出自）

（○韓云出自）

（背）

（挑入字）

（○別○出○無○入○不○然○意○）

精云一語盡去　藏云真个自得

詩之力者惟君子故顯瞭困乎目前而心所默喻有不可告人者焉人思出險而入夸也亦非真能願夸者也見為險夸亦成險見為夸亦險亦成夸在自安之耳有安止之度者惟君子故升沉付之倏忽而紫引所謂無物中所察証有不改故吾者焉天下雖無心之遭逢就此纖微中有必不有隨遇各當盡其所當為當盡之責稍誘焉即有纖微不自得之處君子行人之所不屑行而紫引所謂無時不然隨天地萬物覺對之而無憾天下雖偶然之寄寓就此須臾間有必當時各當盡其所當為究之局稍玩焉即有須臾不自得之時君子行人之所不及行而日用飲食覺由之而不離蓋惟不起一念故隨念所起與位俱惟不擇一境故隨境所遭皆我適非行素必無此自得矣

評

從入字勘出自得下正己反求一口吸盡是孔顏樂處非捨秋水

逍遙遊者韓 求仲

語〻孔顏學問不作狐禪當是擬學之作 戴 周衍

上文行字最重是盡其居位之道意乃下正己反求之根若只說是順其所遇即與君子中庸迥別盡歷一位自有一位所當盡之事於此無絲毫不盡則俯仰都無愧怍便是孔顏樂處文跟定行事從入字中徵出自得最得題髓所以并下正己反求意俱能吸攝後二股更精韓評釋為名言可佩戴評稱為逍遙於名教中樂地自別是也 問入字是入四者之中否愛峯曰入字關上四者

特舉其槩隨其所在而樂存焉蒙引發明之曰時有萬變事有萬殊物有萬類而道無不在所謂無物不有無時不然要當隨時隨處而各盡其所當為方說得素位而行之意盡此文後二股所謂就此纖微中就此須臾間云云正蒙引無物不有無時不然隨時隨處而各盡其所當為之旨也

君子無入而不自得焉　　　陳琛

君子之於天下，一無所累而已矣。蓋擇地而後安，心之累斯多矣。君
子隨在而無不安，抑何累之有哉。中庸論君子素其位而行至此，蓋
謂道充塞兩間，不以易位而有所存亡，與道未爲一者，不能無加損
於其間。何則，境之遭有順逆，苟知處乎順矣，而逆境尚未能以皆宜，
則困窮無聊之際，幾何不悲憫而隕穫。時之遇有常變，苟知處乎常
矣，而變故尚未能以自適，則危疑難決之秋，幾何不震驚而喪失。（切實精微）惟
君子也心與道爲體，道固與時而偕行，道與身相安，身則與時而消
息。或處富貴也，或處貧賤也，分若是其不同矣，而所樂則無乎不同。
夫庸知富貴貧賤之在我乎，或處夷狄也，或處患難也，事若是其不

一矣而所樂則無乎不一。夫庸識夷狄患難之在吾乎優游於順理

順理作德

自得實際非放曠若此

則裕之天順吾之自得逆亦吾之自得蓋有得喪榮辱如寒暑相代謝乎前而淡然無所動於中也從容於作德日休之地常吾之自得變亦吾之自得蓋有利害生死如晝夜相循環乎前而坦然無所易於外也是何也君子之心泰則無不足無不足則富貴貧賤處之也內重則見外之輕外之輕則夷狄患難臨之不驚也此之謂素[illegible]位而行不願乎其外又豈有存亡加損於其間哉雖然陳蔡之阨[illegible]矣而孔子之絃歌自如陋巷之困甚矣而顏子之真樂不改聖賢之所以樂者何哉遇事而事中有理遇物而物中有理天高地下此理之形也雲行雨施此理之微也鳶飛魚躍此理之察也旦暮生死此

理之安也則其素富貴素貧賤素夷狄素患難無入而不自得宜矣噫必如是而後見斯道充塞之大必如是而後見君子樂天之誠

紫峯先生在前輩中最爲瀟洒出塵抗山林之雅志其文字大抵攄心胸爲之故往往真氣動人必得之驗如此

君子無入　陳

文前選　中庸

君子無所　全節

四川　李用中　十五名

尊君子以化天下之爭，觀於射而益信焉。夫君子非有心於無爭也，而自然無所爭焉。觀於射而君子不愈可思乎？且人心本自坦然耳，無端而有人我之見，競勝者遂紛紛矣。淺焉者著於其邇，深焉者蓄於其心，安得一純備之人，與天下相安於渾漠，即徵之情所易動之地，而雖和益著者乎？則君子乎！君子乎！君子有大於天下之識，深見夫天地萬物原為同體，而有我之念忘；君子有深乎天下之學，更見夫智名勇功無一可矜，而凌物之情化。我思君子，殆無所爭者乎？值異學爭鳴之日，君子未嘗不慷慨論列，以晰其源流，然為吾道嚴異同，不為一己計得失，雖意氣直可孤行，而究其中懷止坦坦焉，才有所不居，名

前

数

此段氣多本

議論老閑有閑名

守國排墨選　上諭　十分科

有所不恃而已當盈廷爭辯之時君子何常不正色立朝以持其大
義然為國家辨理亂不為吾身較是非雖繫大不難獨任而考其隱
念祇油油焉同有所不黨異有所不伐而已無爭若是又何在而見
其爭也乎意先王之立射也揖孫挟失序者序賢以陰消天下乖戾
之氣而動其翻然紛然之心君子於此或有競心乎然觀於揖讓而
升也下而飲也猶謂其有爭乎借曰爭也亦依然君子而已天下之
夫偉之儒而量有未優往往抗懷有命而中藏之不可間者實多
今日於彼此五形之下仍不失其與物無競之懷心彌小小度
孫大也微足以消疑忌大亦足以靖兵刑彼抗懷者其自而托也哉
天下亦有謙冲之士而誠或未至往往矯情鎮物而一念之不能乎

者滋甚今觀君子於勝負揖較之餘仍不易其大公無我之志衆殊
虛也德彌實也激烈者望之而憮作諾者尤鬧之而愧彼矯情者又
奪衿以鬭我君子洵不可及也
公發處有實義有虛神所謂平淡之極自然絢爛也　主考林許
君子無爭非一味與俗浮沉隨時俯仰如胡廣馮道者流妙在
而不爭從心源勘破方於無所兩字有着落讀此文前六比益信
朱陸韓范諸公皆為學術朝廷起見非漫矜意氣者比也胸無全
史未許窺其藩籬

君子　李

君子無所爭　全　林如玉

明君子之無爭觀於射而益信焉夫君子之無爭正以能化其爭者也由射以觀而君子不較著哉若曰人之足爲天下重者將以其能同于世之爲貴也抑不僅能同于世之爲貴也益恃己與人之際任性則競狥情則偏夫亦惟是有以慎守而善操之斯即處乎至動之中而究無不達見其至靜之体者也吾是以思君子君子者聖賢之學術之[illegible]者也躬大道以立極度必有其甚醇者相深于性始君子者一世之物望歸焉者也秉盛德以作則度必有其至達者偕忘于意氣是知君子固無所爭者也合當世之是非受裁於一人君子亦欲定可否矣顧事之出於私者衆得而執之事之出於理者衆不得而

競之君子自窮理以來去所私矣則亦去所逆而與處儔類之中何弗見其慾然與聚天下之疑信聽命於一身君子亦嘗立異同矣顧事之處於偏者人有歧己之端事之本於性者己分歧人之用君子何歷世以來絕所偏矣則亦絕所遠而偕與渾穆之中何弗見其油然嘻嘗試觀之射方其升也方其下與飲也非射者之所有事乎而君子猴然乃揖讓而升也揖讓而下與飲也均為射者之所有事乎而君子獨著用是知君子之不可發也力能予己以勝而矩矱端而知識自泯離形能角藝之際總不失序賓以賢序賓以不侮之意才能予己以全而學問深而聰明自淡即周旋衍習之內益可徵不敢上人不敢先人之思其爭也君子而更何疑於君子之爭乎

君子無所　君子

康騭奇

不爭為治者爭亦歸於無爭之內也夫君子將以息一代之爭而猶有處夫爭乎故觀射而莫知君子矣且夫讓德讓功此古人之弘經綸之用也明典明禮此古人之持風會之权也蓋古今原不貴夫矯執之見而樂崇夫惇大之風使天下各盡其畧而無不自靜其才而天下固已大治吾是以思君子天下非淳古則必至于爭然而本士智者故之思而無不可以理脩文之代者此固非寧濬之識不能矣天下非黃虞則亦必至于爭然而遵為颺為讓之心而無不可以[illegible][illegible]下之世者此固非光大之器不能矣吾故論無爭大都以君子為爾今夫事會寂然耳吾一動而方州不可復靜豈不甚偉而君子

不多於世學術而以昌〻出之傳錦泉〻章颯山一派

不為也因革無成法之議持之以正則定論立成異同有襍勝之時我之以平則成理立斷即至爭異謀紛光明磊落之槩有所必用而君子終不以勛名忘吾淡定也而何爭為功爭嚣然耳吾堅持而當世容吾獨是豈不甚卓而君子不為也立朝廷之上則曰吾患無以共績而卿尹之衆辯為同心負保傳之望則曰吾患無以歛才而宮府之間聯其一德即至遇变勢殊恢奇權毅之氣有所必見而君子終不以風裁易吾度量也而何爭為吾歙觀君子之爭而不可得也而嘗而之進推夫射為蓋天下之爭賢不肖兩途而已賢者無以靜其心不肖者又無以平其氣天下事何時定乎令使登禮器之堂習弧矢之事ゝ賢不肖之形分矣夫賢不肖之形既分而天下之爭可

去其一且　下之爭勝與負兩途而已使人爽然無求勝之思而復有方將致敗之慮先王將何術以致哉今使壯夫飲至而命巧勞士釋々而持壺則勝負之勢亦釋矣夫勝負之勢既釋而天下之爭又去矣一揖讓而升下而飲此亦當角勝之恒區而倚雍容之一事也即曰有爭豈非君子之爭哉有靜遠之思者固多雋上之材而倚恂々之風若又不可無矯々之致君子固未嘗無容天下之意而天下亦安可一日無君子之爭哉

昔人謂眷伯之才如黃河東注傾瀉不窮借以贈子

君子

康

第十七冊　卷五十一

君子創業　繼也

浙江姜學院歲考　方檠如
淳安縣學一名

原為蓋之心非於子孫有他冀也夫君子未嘗不為子孫計而要不過求其統業之可繼而已矣此創垂之心也今夫天下事莫患乎其有所為而為之也而吾謂天下事亦正不必其無所為而為之但使其所為而為者皆止於分內而規畫措置之迹舉行乎其不得不行則亦循之無所為而為已矣是故子孫必王此君子為善者效也顧其志不在此且使君子而志不在此也則以彼其材彼後世智取術馭者之所為以求遠得志於天下亦何難及身而王而垂之子孫夫萬世一統之業也者而顧迂出於善以為後圖則君子之不近於人

情實甚而不知君子之為子孫計者不過曰可繼而已矣欲可繼莫若垂統欲垂統莫若創業將創為開疆拓土之業以垂之地將創為招携懷遠之略以垂之民然予以地而無經其地之具吾恐後之棄其地而不能繼也予以民而無理其民之經吾恐後之棄其民而不能繼也而君子之統業曰恐不終者一似土地人民皆在所緩而特不容以規模不立啟後人以薄德難效之譏射且曰吾事畢矣將創為開塞畊戰之書以垂之富將創為軌里連鄉之冀以垂之強然貽以富而無守其富之規吾恐富者之不能不繼以貧也貽以强而無維其強之治吾恐強者之不能不繼以弱也而君子之汲汲皇

君子創業　繼也（孟子）　方粲如

皇曰亦不足者一似強兵富國撼不備言而特不容以苟且不存繼後人以作法於凉之域則且曰吾力謝矣其繼之而有智者也而或謂前人無開知而或謂祖宗不足法則吾之創之垂之者亦徒然也然而其可繼者自在也其父析薪其子弗克負荷彼自有過耳苟遂謂其不克負荷也而析薪者先瀕然中止則欲有所歸其繼之而有恩者也而或苦其迂濶而難行而或苦其繁重而難舉則吾之創之垂之者將焉用也然而其可繼者如故也若考作室厥子弗肯堂構吾猶心傷之況迸意其弗肯堂構也而作室者亦弛焉不張則心何以遣憶此君子為善之志也

針對強爲善下筆精神滿腹而於接引下句神理不失毫芒寶星大士先生作上顧子孫必王下躬成功全於題之轉捩處摹寫神理固爲絕唱此直住定強爲善發論亦自沈着頓挫也用筆彼以微疏此以辣辣絕不爲其所牢籠

君子創業垂統　二句　　俞顯祖

原君子之創、垂、盡其在我者而已、夫求為可繼、此在我之事也、創焉垂焉、君子曷有他志哉、且人主撫有臨大、而覬覦非常、迫不再傳而已墜厥緒、此非可以諉諸氣數、[illegible]也、[illegible]謀不善而（統○緒○背○而○入○有○天○上○下○[illegible]）後無所承、僅求其有繼不可得、而當其初且[illegible]々、[illegible]王也、豈不謬歟、若臣所謂為善必王、特言[illegible]後創[illegible]而操以君子之心、猶不如是也、蓋善之行諸身者為業、而[illegible]之傳諸世者為統、時當[illegible]遷之會、業猶未肇、統猶未基、尚難保其室家、而遽欲傳于萬一、則念已不堅、身處締造之初、業亦粗安、統亦粗就、甫得安集宗社、而遽莫念其艱難則本已不正然而君子勤勤于業與統無所期而如有所期者誠以祖宗之世守誠難奕葉之相承非易而我所宜創不敢不創我所宜垂不敢不垂也雄才之主每思建立非常以耀耳目而君子所為業非有勳施之爛也毋亦惟是積德累仁之事不可不自發植其基而我後嗣賢庶幾纘而守之我後嗣愚亦保無他患而已謀略之主每思大啟土宇以貽子孫而君子所為統非有宏侈之規也毋亦惟是寧宇靜止之常不可不自我開其始而後有令德庶幾廓而新之後有中主亦幸可勿替而已故當其奇崛戎馬而謨猷遠大識者已卜其將興而窺君子惕厲之心猶

出久溫厚和平

說保平寔　于可宜積有諸含

射下放功非出題意　丁卯作

（參涼語極是）

恐詒者之未必萬全，守者之或至中墜，方于此有深慮焉。當其備歷艱苦而氣象更新，國勢已見其日操而窺，君子憂勢之念，第幸廓者之僅可以舉，危者之僅可以安，方于此有隱恫焉，則亦為其可繼者而已。其能繼也，君子不敢知，其可繼也，則君子所能自必者止此矣。且夫業與統，亦自後人見為然耳。即以武之業、文之業，孰非古公所創之業，而在當日則止謂陶復陶穴，弗絕姜嫄之祀而已，無多求。豈之統、鎬之統，孰非岐山所垂之統，而在當日則止謂迺宣迺畝，不替有邰之封而已。出萬幸則其所謂業與統者，猶且懸懸，此君子為善之心也。

（追入以是鼓動，騰文盛使普背）

（二比亦真注成功）

愈說得平淡方見為善之心如青天白日千古同照　程鳳衣

實實寫出可總處不是赤符術數不是黃石陰謀于鼓勵勝文之旨正是奕奕有神　王鶴書

君子創

君子創業　繼也　　章金牧

肇造者無窮願、可繼焉盡之矣、夫事未有可量者、君子盡其可量者已耳創垂不備又何必望乎且前人之勤勞至矣惜乎後人生今人起莫曉不及睹前人之勤勞後人之閒燕極矣惜乎前人澁登不復享後人之閒燕所為流連睇古聚惠至今見也為善必王君子敢遽然哉閭閻何日叙勞苦而未皇漫曰速營新社吾將興焉鬼神亦肇基之難如是將不許必是斬蓬刈藿鳩我宗于山林風雨之中則惻惻洮詳百世之我淨可雪山河非舊四十年而未償漫曰此方蓊鬱不可量也父老亦將哂諸唯是作邑荒山敉爾宅于氷崖華路之際將漫漫墟址奕葉之歎息如聞言有業也自我創之言有統也自我垂之敢奢望乎為可繼耳累葉垣墉中墜于予幾于無土君子之創不知幾攎捥推心深致不得已于此帝高辛之苗裔兮前乎此者不可問矣荒〻放辟敢憚劬勞庶幾以湯沭奉此爾我德薄不克（如見月斷中人）守故疆上累先公以播遷復貽藐孤以新造敢不作之屏之使弓裘勿替乎弓裘勿替則後之山川永我之悲絲杼矣杼焉而巳無（風調自別）替缺矣百年陵寢數傳及我幾隕厥宗君子之淑不知幾泣血瘝思自嘆無可奈何于此朕余皇祖曰公非兮前乎此者不可言矣天作高山允荒再造庶幾以遺種植此爾我澤淺不能蔭後昆身

惴惴兮集于蓼後芒芒兮集于枯敢不既丹既雘使俎豆勿零乎
俎豆勿零則後之岡陵長我之覬覦泰矣泰焉而已無奢視矣君
子發憤去國其轂觴三嘆動色河山度其雄思雅未可測僅以尺
土壤疆俾後人耘耔于是一老農井臼之業耳故式廓非有禁但
如聽江上烏鳴之曲
蹶生非有倖也賢而師我舊我不能料其必師不賢而蕩我疆我
不能保其不蕩我自為其必可師不可蕩者但不復興滯于故壘
耳君子策馬踰山其了理城廓造作冢土相其壯心得當而快徒
以國斯族斯俾稻蟹于斯一細人筐筥之業耳故圖大極不忘但
非分不敢覬也子孫幸而不如我祭器其永無恙子孫不幸而如

我揣越其未可知我自為其如我無傷不如我亦無傷者但不使
抱恨于殘丘爾君子之强善如是歟云王乎
高祖一劍之外無餘物光武一牛之外無餘資一以開創一以
中興乃知化家為國轉敗為功寔有深謀遠計而不在天塹地
維也嗚呼非靡高能興夏由少康之收其衆非種蠡能敗吳由
勾踐之動乎天況太王避狄事為萬世自雄之祖天作高山宜
矣頗修来

君子創　章

〇〇〇君子創業垂　二句　陳際泰

既論君子之創垂而其志亦略可覩矣夫爲善雖有可上之理而要非君子之心也創業垂統千載備將見此心耳且有所爲而爲善則其爲善也必不堅彼觀於必然之事而志分則有詭於中者矣彼揣於不然之效而見明則有輟於後者矣乃君子爲善之心固不知是也業不得不創統不得不垂思及其子孫罔不敢爲坑偈之爲以偷萌而業自宜於創統自宜於垂始盡其在我亦未嘗有圖度之志以開先自英雄之事而論落乎而知其事有所止也夫人之才志未有相什伯者後日爲之而漸有成而後有意計詐

孟〇必〇王〇下〇博〇語〇

慶曆　行遠集　孟子　義門書塾

黽之事當其先但不欲以祖宗世傳之緒自我而蔡然拮据戎馬

切責

雄

之開別起一方以為發國而其志固已有限矣自聖賢之事而論

君子而知其事有所止也夫人之舉動未有不素位者後世歸之

略認誤用

而進以功而後有奉揚溢美之言本其初但不欲以無競維人之

切寫賢

思自身而息經崎嶇艱難之時過為無逸以示貽謀而其情亦畧

頂英帶

可原矣蓋君子明畧最優者也時事之所居其知之矣國家承藉

在下而責望

辭濯靈之烈其鋒其勢而皆未可乘欲以流離播遷之餘系興非

豈有以知君子不為也故創垂之局大而小用之而不必有以復

頂聖賢

其事且君子尺寸自守者也縱橫之所志其艱之矣家世有天命

自處之念日懼一日而恐其不終欲以憂勤惕厲之身默用非常又有以知君子不為也故創垂之後變而常用之而終無以難其於一變則君子創業垂統抑何也亦惟求可繼而已矣一變與不繼君子不敢必而特盡我之所為總與不繼君子終不敢知而要無害我之所為可繼者淺事也君子創垂之心且聽之矣況乎成功而王者哉由此言之君子之為善固無所為而為者也

二句乃轉換語創業垂統即是上文為善二字無煩實講也字語氣直走下文若上四字過於張皇通節俱呼應不靈矣唯作者句句得題之神

君子創業　已矣　　陳遷鶴

勉滕君以自強之策、合天心者在爲善也、夫創業垂統、惟天心爲足恃耳、而其功在於爲善、子孫且王、況當身乎、嘗謂人主立國所恃惟天、然以天爲可必乎、則行仁義者不盡富強也、以天爲不可必乎、則黜功利者常至興隆也、夫人多從其功之未成者言之、故勤者日以急、奮者日以弛、若勵精之效及於子孫、則其可必也信矣、故君子務乎自強、爲如君今日者、以齊人築薛、是恐意亦爲子孫計深遠耳、君云及身而止、則悉索敝賦以從事於二國、何不可苟安之有、臣因是思之、爲國者有數十世之計、有一時之計、有不

此中真有不可解之故

多設可繼二字發議

史家彙

史家纂

終日之計介强大之間而繕士馬練甲兵以與大國抗衡此不終日之計也申言通好以求息兵奉冠帶祠春秋庶可免夫侵伐之及焉亦一時之計也若乃小國有何基業而所創造者皆卜年卜世之謀蓋爾難言統緒而所昭垂者皆大經大猷之典如此者不因運會為盛衰不因國勢為強弱蓋數十世之計也故君子創業垂統務為可繼若夫成功則天實主之豈有舍人謀之可憑而問天意於不可知哉（轉〇得〇吃〇緊）然而天意何嘗不可知也夫天固常懷懷於為善而自古以来亦有為善而不獲效往往置天心於難問不知承藉攸殊難易立分事事思為其易人不諉之而況天乎事事力謀（強〇為〇善）

其難天且監之而況人乎於此發憤為雄道在勉強而已矣且夫

（時勢二柱俱恰勝立論且從強為善有實際）

人主為善何嘗不撥之於時也時當三代振興教化優如耳至於

太古既遠欲行王道而尚權謀者鄙為迂疎欲紐霸功而尊名實

者引為良策乃論辟於此必使治理上法乎勳華必使勤民遠宗

（此中有王理在）

乎譏烈不敢諉於時而自怠焉惻惻天心能勿為之感動歟且夫

人主為善何嘗不度之於勢也勢處強盛以布微謀裕如耳至若

區宇褊小欲正郎牧而野無可田之井欲宏選造而國少可升之

良乃賢主於此必使惠澤遍於郊圻必使禮樂興於庠序不敢諉

於勢而自阻焉明明天心能勿為之眙愕歟夫行事而當於天心

本史家業

則後世之興也勃然矣而謂當吾之身有傾覆敗亡之足慮未之或有也

就彊爲善三字著論悲壯纏綿激昂奮越有心人不堪多讀　李允行

磊落英多　李豫少

策勵滕君只在彊爲善三字格天垂統多在於此此文於前數句不甚着精神獨將末句暢發極慷慨淋漓之致　紫馭

君子創

君子創業垂統為可繼也

超等第四名張　綿

以可繼者為計、君子創垂之初心也、夫繼在後人、而使之可繼則在我之創業垂統君子何容心哉、告文公曰、臣言為善也、王誠以善也者人君之所以立其本也夫安民之緒繼承固在後昆而累仁之功遠慮實賴前哲試即其鳩宗拔壄之時為想其燕翼貽謀之計覺苟且之念不生僥倖之思亦絕乃所為善也盍觀君子一代之興非偶乘權而理君子豈徒以方隅自隘然其初心所急計者惟此苟安社稷之念期開於前而傳於後五德之運遞乘崛起草茅君子豈無藉尺土為階然其始念所急謀者惟此苟利人民之計期前有作而後有述何也創業垂統皆一善之彌綸而為之不遺餘力者也君子豈無所圖哉君子豈別有所圖哉苟可以蒙休而理豈必拮据始定乃不意大難之興適丁我躬也山河非異社稷坵墟業不創則隕統不垂則絕君子用憂危震動以堅其志（精悍）就使極熾而昌敢遂宴安自喜況乎瘡痍之後未卜何時也迴念故都傷心慘目業非我曷創統非我曷垂君子爰恪恭圖維以究其施蓋為可繼也後人之遵行實視祖宗以為法則君子未敢必（語皆破的）一身之統至後世而存而必不可使一身之業不自我而開所以處心積慮要祇自盡其葬蜂劬勞之常使奕禩而下見我祖宗當（如讀前明）

流離苹苦之餘猶且不忘貽謀之舉此情亦可以告無憾也矣後人之率循寔體前代以為成憲君子不能必一人之統緒得昭於來茲而必不使來茲之章程不備於一人所以經營草昧要祇自盡英雄圖存之心使先公可作見我後人值瑣尾流亡之會尚無及身隕滅之憂此義亦足以自安也矣蓋繼與不繼君子亦不敢知子孫而不賢歟可以存吾志子孫而賢歟可以神明吾意君子僅求其可繼耳豈曰成功而王哉

議論沉摯後幅尤精警非常妙年人有此未易材也

君子創業　天也

陞大宗師歲試招覆　盧應鴻　輝緒
汀州府庠第二名　廩

觀君子創垂之善成功未敢計也夫業統可繼君子之心慰矣若成功則有天焉豈計及此哉且嘗讀詩至瓜瓞一篇而恍然有感焉嗚呼國家為興之隆雖曰人事豈非天命哉觀夫太王之所以肇基與後王之所以纘承者亦大畧可覩矣然不獨太王也其於君子亦然子孫必王為善之報天心何不爽也然君子豈設是想哉君子僻處雄才初不難奏績於旦夕而遷徙流離困於蕞爾有未敢覬覦神器者故櫛風沐雨遂以奠宗社不拔之基君子循禮守度非不可立致乎太平而悉索敝賦困於偏隅有未能倖邀眷

遴村試草

頎若故礪山帶河爰以綿孫子永賴之福此業與統所以可繼也
慨自周轍既遷雜伯迭起諸侯之無創垂也久矣雖齊桓首出曹
功偉列匡天下之列侯則有餘私智小謀利國家之後嗣則不足
繼此晉文勤王作三行而昧大義楚莊僭號誇二廣而肆憑陵甚
至宋襄用鄫秦穆封殽皆無可傳述者也迄於今三家分晉七國
恣雄稅然愿飯以利社稷者何國蔑有又不獨齊為然也吾益知
業之不可不創統之不可不垂而為後人之繼續者不重賴有君
子哉且夫裕後昆光前烈此先世之所以興隆也安卑近狃目前
此後世之所以傾頹也君子思夫莫為之前雖美不彰而惕慮憂

蔚蔚然煥一代景運圖念莫為之後雖盛不傳而貽謀燕翼魏然啟百代宏規業也統也區區之心竊慕此耳至若土地可辟秦楚可朝中國可涖四夷可撫莫之為而為者天也非人之所能為也吾於是而知君子非隱忍而就功也奮發之志與光明之心而並呈即或外患疊興其勢不可終日而慨然自立而不虛無他信天之猶未厭禍耳不憂析骸而食乎豈懼肉袒而牽羊志彌大者心彌小縱受圖膺籙總不在尋常意計之中而又非冒昧而圖功也振拔之衷與正大之願而交勵即至控告無所其禍難以明言而斷然有為而不苟無他知天之未欲平治耳弗慮昏亡而齒寒寧

計并吞而蠶食畏其力者懷其德繼草故鼎新誠不在私心較量之內君惟修其在巳而俟命於天焉斯可矣

陸大宗師原評

按時勢以立言樸茂堅緻蔚乎可觀

超等第一名　簡　書聖徽

君子創業垂統為可繼也

論君子之創垂心極於可繼也夫繼者異日事也而君子之創業垂統特念此耳其為善之心不堪令人共見乎且反覆於肇基之際知未可以成迹論也（神致宛合）後人之欣逢其盛者常有溯厥由來之故而當時之經營其事者第存久而勿替之思益嘗曠覽往事而知執必然之成見與兾或然之遭逢者均非君子為善之心所敢出也君子當流離播遷之餘未嘗以締造維艱弗竭我躬之規為則盡瘁伊始何敢稍存玩愒之思君子屢憂勤惕厲之衷曷嘗有兾望非常預操先時之勝算則詒謀所及祇欲長綿箕裘之紹今夫

業者創之自我而統則垂於後者也統者繼之於後而可繼則仍存乎我者也古君子抱有為之具盡有為之才其於運會之遷流

風發泉湧蘇文勝處已探其奥

時事之變易無不籌之熟而計之審及身而謀宜若有意計難量之事即不然積厚流光承其緒者且大啟其基宇亦理所固然無足怪者然揆之為善之初心則未計及此矣開國承家祖宗祇盡其所事紹先繼志奕世任彼以自為業之創而統之垂也蓋使為可繼焉已耳後世計利之君鮮不謂後效可必而後奮發以有為夫君子之創垂固不挾一必然之成心也當其始事奮興萬萬無為非常之料而事要其可大者謀要於可久此固非智取術爭者

所得起而同矣試觀時移勢易國事當無可如何之秋而戎馬倉
皇祇求先緒之不墜貽厥孫謀以燕翼子孰謂君子而有侈然高
（叢〇權〇畫〇致）
望之心哉古今起事之會亦每謂機宜可倖而後振拔以自勵夫
君子之創業又不存一或然之冀倖也當其開先啟宇萬萬不為
意外之期而思極於至深者慮周乎至遠此又非因利乘便者所
可望而即矣試觀勢迫情移時事當萬不獲已之際而崎嶇險阻
（宋〇人〇經〇對）
惟盡在我之謨為君子有穀貽厥孫子孰謂爾時而有遽然願外
之情哉是故創業大事也而念止於可繼君子原不必侈談夫冥
漠抑可繼又難事也而責自宜於創業君子又不過盡分於厥躬

若夫成功則豈可必哉君子為善之心如是焉止耳君亦彊為善
而可矣

體會大註然字但字耳字虛神步步與成功句激宕神妙欲到
秋毫巔行文亦英偉灝汗扶搖九萬拭目俟之

君子尊賢 二句　　史大範 元

不分類以爲交、君子之量所以廣也、盖賢與衆、善與不能、雖有異、而自君子視之、不必甚異也、尊而容之、嘉而矜之、交之量所以廣哉、今夫聲氣之隆、斷歸大雅、彼品類之高下長短、豈不盡在其目中哉、而究無一出其度外者、何也、蓋品類原有不齊之數、不分者無識、過分者無情、但使臧否之識、操之自我、而情之所施、有兼收而無棄人、此羣品之所以咸歸度內、而莫之[illegible]也、交而言拒、異哉所聞、我聞交者、性情之謂也、性情所結、將合倫類而通之、則求其友生、即視天下無不可交之人、亦何乎以涵、結納者、議吾區別

領起君子、音如洪鐘。一句一可一元。好聲調。

本朝鄉會墨寵　論語　康熙壬　福建　紫玉瑩

之不精我聞交者學問之事也學問所共待以人品而成之則惓懷應求縱使天下不盡可交之人亦何忍以過於刻核者致吾音氣之未化若是者吾嘗奉教於君子矣君子之與賢人交未始無衆人之交也君子願與善者交未始無不能之交也尊之容之嘉之矜之所謂君子之交非耶從千里百里而得一人相示以德行而相接以虛文君子不敢也風雨景行聆言儀翼亦曰能自拔於流俗者師保承之交情至是乃快耳夫交情四海遠矣獨此一二名流默默寄此意焉隘而不可為矣乃道德之欽雖不乏人而環顧人羣未嘗爽然而不屑則君子所容者大也其異日能賢姑寬

點題亦醒

先遠衆字

若接若不接文有遠情勝

致

即醒賢字

發容字意

假之以俟變化之方即不能賢亦優遇之以示覆載之廣則未必

迴繳得而字周折之意

非尊賢之心所連類通之也已於偏長末技而見一行中心藏之

先還不能

而悠忽悠忽之君子不爾也褒獎維新曲成無已亦曰能自異於庸

愚吾歎賞深之袞蓮自此不汙耳夫交道今古隆矣獨此一二懿

行賤之繫予懷若拘而不可為矣乃懿美之稱非不足多而屬在

即抱善字發

固陋亦未嘗鄙棄而不遺則君子所矜者至也其他將得與於善

矜字意

且以憐憫寄轉移之權奉不得與於善亦以憐惜存篤厚之意則

文心曲至知君子長

未必非嘉善之思所蘊曲出之也已可使賢者善者為我觀摩之

起法如江

佀可使衆與不能為我樂群之流亦可使賢列善者衆與不能者

嚙

本朝鄉會墨繩　論語　康熙壬　福建　石行尊　史　堂

君子尊賢　二句（論語）　史大範

本朝鄉會墨繩　論語　康熙壬　福建　石行尊　史　紫■堂

同為我相應相求之品矣惡雖不得不辨而未嘗過辨君子所以致意於同人也若夫刻覈之傷雅君子不忍為此度矣恃而與賢者善者相千古而衆不能未嘗以我為好異乎而與衆不能相晨分而賢者善者未嘗以我為苟同時而賢與善衆與不能相俯仰而衆不能亦受賢者善者之益賢者善者無苛衆不能之心輕重雖不能不分而未嘗過分君子所以情深于麗澤也不然流品之難齊君子知之亦已久矣論交者亦折衷于君子而已

寫得子張堂堂氣象儼然八荒皆我闥善他開口提君子便是要把君子來壓服人大模大樣是才高意廣者腔調作文要揣

這話是何人說。這人是何等地位。肖其心口。摹其聲容。纔有真面目真精神。人於斯文。僅服其氣宇之崇閎。以為非詹詹細響。而不知其活寫一個子張在紙上也。

君子尊 三 史

○○○君子尊賢　二句　汾淖文七名

君子欲以賢爲表必嘉與矜以廣其欲之權焉夫使衆之中而獨舉一賢將善者與不能者終無與乎哉此君子必尊而容之而以嘉與矜者廣其權哉今夫衆類當前可之対而爲不可則賢之跡而必爲吾權子拒之之意則賢者尤善之所極而能之所絕備而概之所拒終不勝數矣然而不問君子於賢之外而忍以不肖目天下而倦多顯示包荒之量微行樂育之權者抑又何也君子惟曰誇處著衆耳於衆之內而有一賢此固善者之所獻而不能者之所愧君子惟曰雖其同亦衆耳於衆之外而標一賢此殊善者之藉而思既而不能者之恥而思

無以尊之衆烏知彝英攸聞其可以式我極者竟安在也此即昔曰
心仅其所共好凡與交者當循循而敬赴云耳無以尊之衆烏知材力
不器其可以倡所絕者竟安在也此即昔曰我獨切其所欽承凡所交
者無生憚而自沮云爾而斯時偏長亦在列也寸美亦在門也嗚嗚然
胥樂君子之無救者此將何為也且斯時優絀無棄材也敏鈍無棄㪚
也濟濟然咸悅君子之翕納者此將何為也試請以子夏今之訓
揣師也昔日之所聞大抵悠悠凡衆以不可概之微特為不能為不可
即僅有一善者亦為衆可可其來滿乎尊之之量即其隱微乎與之之
心者也而善與不能悉在忽而可棄之班苟不欲以不可限之微獨善

者非不可即不能者非終不可凡其不欲自勞於賢之之望者即其可望期以尊之之品者也而善其不能當必在鼓舞之科且夫賢固难一蹴而致也亦審矣顯微之所儆起居之所效而有一端焉可許於有道未有不欲亟賞之而轉疑之者也吾適爲嘉焉以動其自奮於之之自信即不能於此者亦可以知所勉求矣况夫賢固不能以美質分人也亦審矣道寔爽相懸高下亦相去日襲轉焉終無以自伸未有不隱憾之而冀援之者也吾曲爲發焉以弘其仁慈而優其自新即善於此者益可以快所培育矣如是而容之道亦大矣而容之權亦廣矣循此至不能可變善者可充之從先皆賢者之懸寧第所與之僅可者也即不

而不然者亦既盡於其力善者亦欲至於其途目前豈皆不肯之倫歟反乎與而爲拒者也則所交者又誰爲不可之人乎哉此君子所境而視之爲衆○而克樂絕人之禍邊者也○

大主考原評

理解創闢迥軼等倫

副主考原評

君子尊賢　二句（論語）　宋筠

君子尊賢　二句　宋筠

觀交道於君子若無不可與者焉夫賢與善固在所與而衆與不能亦非可拒也君子之交其亦聞諸乎且求友而存一過刻之心天下之待為吾友者幾何哉夫欲使天下而盡為吾友非必其漫無區別也惟嚴以衡其品而寬以待其人夫然後天下之大莫不歸吾意量之內是故天下固有不可混之交而亦未嘗有不可交之人也如子夏所云殆未聞君子之交矣夫所謂可者非賢與善耶而所謂不可者非衆與不能耶造物之生才不偶賢與善常處其少而衆與不能常處其多此勢之一定者也君子亦無

（○易?○容○矜○字面）（○別○極?○尊○）（又辨?、紫、）

斯人之攸好相同賢與善易於見親而衆與不能易於見
森容有度
情之必至者也君子似無以異也然而君子處此其交固自有道
矣君子而遇一賢者焉曰彼固傑出於衆人者也夫且慕其聞望
此
之堪為衆表夫且樂其道德之可為衆法敢不欽其欽崇與然使
轉不惟筆妙說得道理是也
胥天下之衆而皆賢則亦無為貴賢矣賢者既負其異於衆則紛
備尊字大容字斟酌周
紛庸衆者流即烏得槩以賢相律也君子縱不必尊之如賢寧遂
敘
至嫉之已甚乎惟有以容之而已矣君子而遇一善者焉曰彼固
適越乎不能者也夫且標所難能而效之而莫能及夫且嘆為多
能而試之而莫能窮敢不亟為奬許歟然使胥天下之不能而皆

善則善亦甚無奇矣善者既負其能於己則碌碌無能之輩亦安得槩以善相繩也君子縱不必嘉之如善寧遂忍棄之如遺乎惟有以矜之而已矣（借嘉字出矜字）且夫賢者衆之所同尊也善者不能之所同嘉（兩相敵修意義層出）也而吾以尊且嘉者導之於先則衆與不能亦將自勉於賢自化於善而殷殷然思與我友焉夫然而君子之尊嘉遂以善為矜容（互發以曲盡兩字之義）之地交道所以貴有曲全之術爾且夫衆之宜容賢者有同心也不能之宜矜善者有同心也而吾以矜且容者持之於後則賢與善者蓋將許我之能容樂我之能矜而欣欣然願為我友焉夫然而君子之矜容遂以廣其尊嘉之用交道所以貴存寬大

而必沾沾於可不可之間曰拒之云爾亦獨何哉

只將題字披剝而題之中邊前後意俱各飽綻文之佳者能使

題無剩義無溢語如是焉耳矣豈必别事高奇

君子尊　宋

君子尊賢 二句 周渭熊

君子之交無所拒慷獨為君子之恥也夫衆與不能似可拒者矣而君子于尊嘉之外終不以不可而棄人也此為異乎子夏之交子張若曰學者嚴比匪之傷則終身無貽累之日此其意非不甚善雖然持斯說也果可以為有道之交乎哉吾未之前聞也吾聞君子匪獨得天下而與之也而何嘗輕有以拒之乎蓋與則甚親親之情迫則為尊親之情摯則為嘉若曰以彼其賢其善可與也且猶不及彼尚賴彼翼我也烏在而不與與者可也豈君子而不豈亦則至疎疎之甚至使無可以自容疎之極亦略不為之加矜

折出若子狹隘上句古文頂批

於與字出精神

徹上我意作頓

從非字出容矜

若曰以彼為衆為不能可拒也即我或勝彼亦懼彼之奪我也烏

拒○下○我○意○作○主　賢○字○品○

得而不拒之者不可也而君子則不然君子曰何以為賢以衆形

○互○利○交○鋭○無○也

之則賢者見何以為衆以賢較之則衆遂成耳然非必衆不可轉

將○○見○衆○意○○○雲○曲○

而為賢也且使衆即不能為賢吾猶不可以賢故而棄衆也以賢

故而棄衆謂之吾嘗遠衆耳不知吾不能容衆吾即不得為君子

○安○放○熟○練○用○其○筆○令○沕

君子乎賢既尊矣乎衆亦容而不拒焉君子曰以善而遜不能益

增不能者之短以不能者而遜善愈彰善者之長然而不能者未

始不可相觀而善也即令不能大遜乎善吾猶不可以善故而絕

不用一鋭直○筆

不能也以善故而絕不能謂夫彼實無善可稱耳不知吾并無不

能吾已大遠乎君子君子于善既嘉矣于不能亦矜而不拒焉斯是堂上氣象人皆吾與何必爾我非同群必欲操一定之格以相絕從而別之曰若者可尊可嘉若者不可容不可矜常存苛刻之念絕人自新是才高意廣心虛之路則所失不徒識見之不廣聖賢可漸學何必去取在目前若欲徇一日之察為定衡因而斷之曰若者尊之嘉之以為與若者並不容之矜之以為拒我無愛惜之意餘開其向往之心則所係人不獨存心之過薄何師未之聞耶

側重而字下截自是人人覷破無筆不曲無意不霏出明快於奇奧之外藏脈理於宛折之中活寫一個堂堂顓孫子別非賢

本朝鄉會墨繩　論語　康熙壬午福建

本朝鄉會墨繩　論語　康熙壬午福建

者不能○

君子尊　周

君子尊賢　二句　　胡應達　十名

有各得所與以云交、而君子異矣、夫賢與善、固其與之而可者也、彼衆與不能之不可者、獨可拒乎、君子之容而矜、所以與尊嘉交至哉、且今之論者動曰擇人而交。吾固知有人焉在惟然所擇之中也。然其不以未得矣夫人之願交于我者。其品不一也。其望自殷也。而在我之情亦無不可以無致。夫無致其情則亦似混于無所別者。然而其交也已得矣。吾所關于君子何以異哉、君子知夫人之所見爲可者。微特人見爲可也。屢傳類之中人所皇然若歉者而獨脩之。必求其念嚴之惟恐或虧。則其勞規卓絶者已令人[illegible]愛敬之情。而挾一可者而俱來。而人々

鄉墨　壬午

所為不可者微特其人不自為不可也望懿美之諧幾為刻意自期而恒覺婆稟之甚肅恒覺一長之猶遜則其樂交有道者又隱然動所恤之懷而與與可者而並敬吾由其可者例之有所為賢又有所為善由其不可者例之有所為衆又有所為不能者而于此可以觀君子之諭也吾方索居而忘其共也而何意備德之忽在望也賢者其矯然自負乎而苟不尊于衆人之上將無以使賢者快其同德而加盼焉全以使未賢者深其景仰而思赴然置貿于衆之中惟君子以為宜尊即在衆亦以為宜尊焉乎異哉而自其不可者觀之方其極景于賢而視斯時之為衆者幾幾擯弗敢前焉一[illegible]于君子不知何以煕然于逑者而

刻薄有所不事也優容之量固與[illegible]之情交至爾吾方油然亦共[illegible]

好也而何幸懿行之當吾前也善者其真足相賞乎夫維嘉于不能之

中庶使猶至于善者有以証其天良而自愛益使其幾于善者有以動

其秉彜而鼓舞然以善與不能較在君子以為可嘉即在不[illegible]亦[illegible]為

可嘉烏乎異哉而自有不可者觀之方且嘆賞于善而視斯時之不能

者幾幾跂之却步焉一至于君子不知何以殷然其在宥而形迹有所

不生也矜憐之意固與嘉許之忱交永爾斯以知君子之諭公也物莫

不各尚其類夫當其類有獨絕即丰裁過峻者未有不樂為下而深其

恭而惟較量于此長彼短一其置之芊莠而恒有鄙棄不屑君子惟惟

物忌
忍以衆與不能者棄人故樂以尊與嘉者與人雖有時獨相推許矣
亦共諒其無他而非有區別于異類之中斯以知君子之論正也物貴
不爭于其數夫當其數有不足在自許太歷者已覺異于已而深相累
而况相形于此繼彼優遂不覺視為儕輩而惟與彼相覩君子惟樂以
賢與善者視人益用以容與矜者引人雖有時行其激發天下亦爭自
濯磨而不必有過拘于分數之內然則尊賢而容衆嘉善而矜不能又
何者見為可而與之何者見為不可而拒之哉君子之論交吾子胡未
之聞與

大主考原評

君子尊賢而容衆　二句　　馬世奇

論交於君子、以與為之衡而已。盖善與者不拒也、尊嘉容矜、君子之可否何嘗混乎。子張述以論交意曰、從來未有遍衆不化可持人倫之鑒者。故嚴論人必寬論交、要於與之中微權其等、而非於與之外峻植其藩。吾聞諸君子矣。夫以君子而有未明于可不可者哉。惟君子之品完、必不于損益互持之介置其身。惟君子之識清、必不於薰蕕無辨之途置其目。故因可而可、如賢如善、其所可亦少矣。因不可而不可、如衆如不能、其所不可亦多矣。而但以可不可之在世者、君子明持之以晦用之、與可與不可之在己者、君

單承與字來籠統題面。

撇去不可一層。

（總歸到與之）子兩懸之仍一體之祇開賢者與之仰而企衆者亦與之俯而茹不與以典刑未始不與以悱憤也若曰容以為尊（將容衆攝入尊賢內）而於賢者包荒之度更慨也抑開善者與之欣而賞不能者亦與之曲而原（將矜不能揖入嘉善內）不與以揄揚未始不與以惻隱也若曰矜以為嘉而于善者育物之意更親也亦知聲氣之援不可強（側重容衆與矜不能以見君子之寛）然天下藉我聯合者在異調不在同調正惟賢善外之人視賢善內之人而用情倍婉始信君子之不開人以岐路亦知品流之雜不可淆然天下需我接引者在憐才尤在憐不才正惟尊嘉之餘念視尊嘉之本念而寄想彌深始信君子之不絕以一路故以君子成就人而與衆不能共章賢

善之標則宗之認之而物望歸所能澄世之可以别於不可者此也以君子變化人而與賢善共指衆不能之爲則宥之進之而羣

越見得不可拒

愚勸所能轉世之不可以歸于可者亦此也彼與則不善而輕言拒豈未聞教于君子乎

晚村云子張只不然子夏之拒非不然子夏之與文以尊嘉作主辭爽容矜揔妝在與字內見得君子之寛即見得子張之高

相題既確持論亦精

○〻子尊賢而　二句　　陸　毅

論交者推君子無一不見爲可與焉夫尊與容兼嘉與矜並此全乎其爲與者也張故述所聞以明異耳意謂吾人之有交也奚取乎取其同焉而已義取於同則雖極之羣倫各異而要無容以區別之見行之蓋與其使天下畏我之嚴不若使天下樂吾之恕也與其一於嚴而更無寬以濟之之法不若一於恕而仍有善以處之之方也如吾所聞者不在君子耶彼既命爲君子則必以賢者也而天下之衆爭歸焉抑必以善者也而天下之不能爭賴焉假令曠觀儔類而人人皆賢人人皆善也則是但見爲可不見爲不可也道合志同在君

從上翻入妙能洗刷眉目

予聞存一樂與之念乃環顧斯人而有賢必有衆也有善即有不能也則是可者常少不可者常多也氣求聲應在君子豈遂無賡與之思則有如尊而容也嘉而矜也凡此者孰非善交之道哉大抵交之不得不分者勢也我雖視衆如賢而隱示優崇或致失英流之望我雖視不能如善而隱深崇獎或反聚修士之心是故君子於此有權道焉既尊矣而後以容者別之既嘉矣而後以矜者別之猶之帝王御世胞與雖有深情要不廢恩威之並用而已矣大抵交之不忍不合者情也我雖非混賢於衆而智愚一視揔難絕之覆載之餘減離非之於不能而彼此齊觀揔難棄之生成之外是故君子於此有

不接

此股是客意

俗惡語可厭

忍揀此

此意是主

大度焉[illegible]尊矣而即以容者隨之既嘉矣而即以矜者隨之猶之

化無私龠翕闢縱有殊途要不失鈞陶之至意而已矣乃知同一交耳

二股亦似贅

有顯而致之者尊與嘉不疑其過厚也有隱而通之者容與矜亦不

疑其過濫也而或者斤斤焉欲較量夫淺深其立心不已刻乎抑猶

是交耳有直而施之者賢與善固亟引為知己也有曲而全之者衆

與不能亦願引為同類也而或者屑屑焉欲區分夫高下其操術不

甚疎乎觀於賢不賢之間而子夏之所云誠異矣

士迪之文講場屋利病者喜誦之余故擇其眉目分明者存之集

中使知余所力排者惟不做題目亂寫腐爛墨腔一種固亦畢之

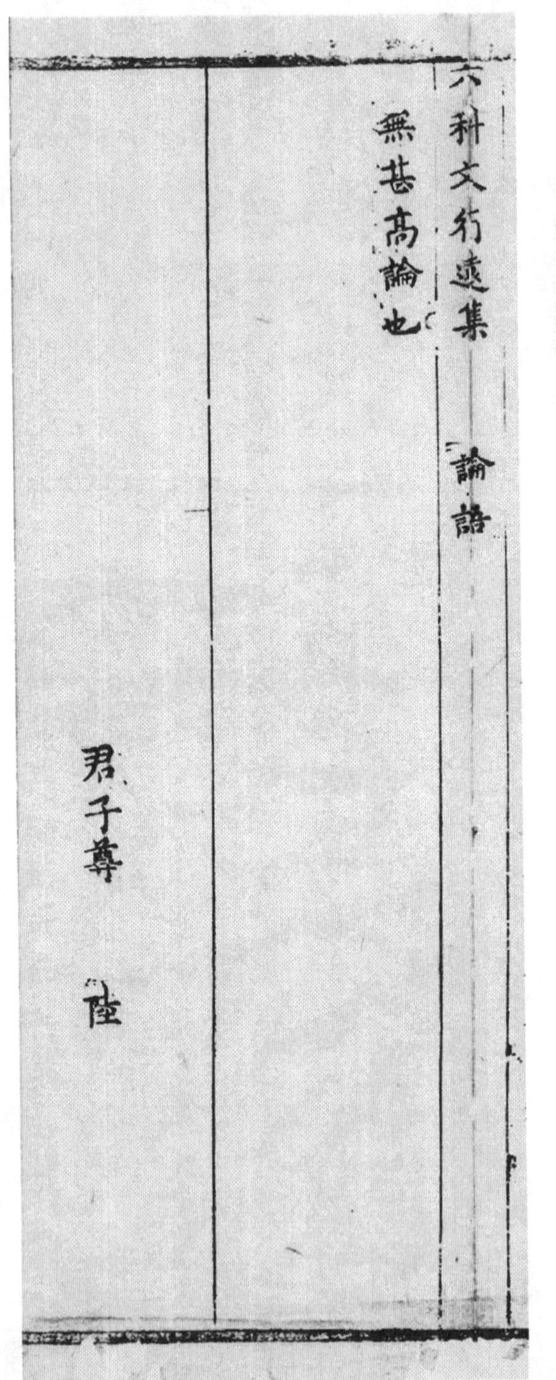

六科文行遠集　論語

無甚高論也

君子尊　陸

君子尊賢　人也

延郡督堂觀風興化府學特等第一名　陳一亨　宏緒

慕君子之容交之量則大矣、夫衆與不能、惟君子有容而無拒也、以是為量張固居然大賢歟、意謂交道之薄也、患不在于不嚴而在于不恕、過於嚴則好為尊己而交之途轉隘、出以恕則善於反身[illegible]之衡自平、故在人不無良楛之等、而在我何存吐納之懷、徧見化而公心溥、庶可體同人之意于君子、夫君子固世所稱為大賢者也、而抑嘗有拒人之心乎哉、人性雖善、必無生而為聖賢之理、故品類之淆、縱有低昂、而詎以目前所見、遂於此有膠漆之投、而於彼有[illegible]猶之別、心理本合、寧一接而嘗異味之差、故學問之際、務化畛域、矣

醇○意○發○為○高○大○

原○評○肅○括○

原○評○二○比○[illegible]○張○

衣千仞之概

以絕物為念而在我不高其位置即在人不傷其氣誼有如賢與善人之所謂可者即君子之所謂可者於焉尊之嘉之則其與也豈八

輕叙上二句浮淺

同一而眾與不能人之所謂不可者豈君子之偏所謂可者乃獨容之矜之則其不拒也與人異且夫君子豈故為有容哉誠以人我之迹

融貫上下脉

以作一篇之鎖尤致見筋節關解

化則可不可自足相忘于不必拒之中而人我之鑑明則賢不賢尤當反求於不暇拒之際我之大賢與人共尊我也而我能巨

接出老

人實嘉我也而我能拒其嘉乎夫挟其大賢之姿方將陶鑄乎斯人

鎔化上二句獨有真意

胥天下之眾者轉而為賢不能者化而為善而正非與一二知己共謗同調已也則苟有叩吾廬者亦登吾堂可也豈曰麾之門牆乎不

必其賢也善也於人何所不容乎我之不賢與人將不容我也而我能拒其容乎人將弗矜我也而我能拒其矜乎未抱其不賢之質方思攻錯於斯人與天下之衆者共親於賢不能者相勸以善而安得（說來確有至理）謂信從者少惟賞孤芳已也則倘有知希是貴者即不我遐棄（逸興遄飛）出之敢曰拒之千里乎蓋猶是衆也不能也如之何其拒人也是故君子之交準情焉度理焉情欲其平同此形器之倫無端而設絕人之想（筆意淋漓非徒法家）則一言拒而交情已不平矣況乎我之居然賢善則何人不在模範之中我之不免衆與不能則于我將有葑菲之棄此情何弗反而自（悱惻言之）調也理求其順共托士林之中無故而為孤高之行則一言拒而交

道已不順矣況乎人之知我爲君子則未聞以成德而絕好德之良原評上言論下豁人之知我爲衆君子則未聞以流品而羞流品之附此理曷弗轉而自度也小子乎汝誠思與之是則祇此倫類參差正可觀一心之損無一懈可攻益汝苟知拒之非則不必十年學道已足通四海之交遊今而後惟法君子之容庶幾其大賢乎

聯合上下局緊機圓　原評

不實疏首二句留在下五句中洗發此定法也難其揮洒自如文與題爲化神施鬼設絕無斧鑿之痕　游光海

君子尊賢　二句　　陳汝禧　四名

觀君子之交不欲為其已甚者也夫賢者善者固可者也而衆與不能即不可者也君子則尊之容之嘉之矜之以觀子夏不誠異哉且天下亦安所尽得快意之人哉使必尽得快意之人將抱其願以終于世其究落落難合謂我有不近情之譏則是未獲取友之功而先失容物之度也亦何貴乎交天下士哉抑知君子固有道以處此君子固欲天下之尽為賢每一衆者而後可也固欲天下之尽為善每一不能者而後可也雖然而豈能哉天地之生人也有數良材美質于什伯中得一焉于千里百里得一焉此亦數之至少[illegible]矣以其至少因轉念不及[illegible]

者之多也且大遠乎此者之更多也若夫毀而途以無收為而間見氣欲其有餘併爲造物秘惜之藏惘其不逮也已矣古今之成才也有限养育教誨或俟以待其終身焉或偶以冀其教誨焉此亦效之最难者矣以其至难因轉念乎自棄者之有由然也且自棄而不復振者之有由然也第分區域于在宥為千古英哲之倫作其奮起併為聰近愚柔之質樂其含弘也已矣是故人有賢者焉有衆者焉君子則并之而容之非曰哉高之以卑視蒂倫也緇衣之頌誰獨争心寧矣哲當前而頑等槩目之乎乃至儕倍者流亦皆並收于覆幬則精明之識復有寬然之氣以行之賢愚咸樂于得所矣不然衛道之嚴流于過激使人疑

君子尊　陳

君子有別異黨同之思何以絕其端哉有善者焉有不能者焉君子則嘉之而矜之非曰故誇之以鄙棄乎顓蒙也懿德之慕誰獨非情寧正士與偕而故漠不加意乎乃至庸碌之徒亦皆曲予以保全則決擇之閒復有從容之致以居之優游無憾于生成矣不然刻核之過即以成私使人疑君子有與物無情之意何以謝其責哉況乎不可之人有無事于拒不容以拒者在也

大主考原評

副主考原評

○○○君子尊賢　二句　　九名　張觀海

無所拒以為交真君子之交矣夫使交而有所拒則尊在賢嘉在善矣而衆與不能何容矜之有則胡不折衷于君子乎子張告子夏之門人曰交道所以日盛而不至執一偏之論以隘學人之守者豈小[illegible]寬弘之士為之維持于其間哉以不敢不尊著示同志之足樂即以不忍太薄者明異類之皆吾與斯其為交道之則乎則吾所聞于君子者是今夫君子之衡品有學有識而君子之處人有性有情以流品之雜投是與非不相謀正與邪不一類經有道之目總不能淆其鑒于萬一丑子固不欲以渾尊之名負知人之寔此存乎學識者也而以材質之

鄉墨　壬午

[illegible]成則圓于氣禀成則樂于平易人長者之怀恂恐聞吾風而自遠也子又何樂以持衡之過成孤高之習此係乎性情者也試觀君子居此賢矣居然善矣君子賢世亦有賢兩想愳也而相得也固也然設或吳與衆並接之下賢則卒矣吾甚慮等以為衆地也何以衆還君子而不苦其丰裁之峻也君子善世亦有善而相值也而相愛也宜也然設或苦與不能交至于前善則幸矣吾轉慮等以為不能地也何以能遇君子而不閉其見外之深也則以君子固尊賢而容衆之君子云爾則以君子固嘉善而矜不能之君子云爾藉曰聯声華之盛于意氣之校此曠達之見則然而準諸君子之生平大道為公之思則並未有當也

君子念人俱有爲賢爲善之志而每如其爲衆也爲不能也當其未相謀面彼方俱吾之選擇太甚而退然自阻也胡爲乎又峻以防之也体吾自成之雅以相諒推吾自厚之意以相慶此念亦衆與不能所樂不倦矣而豈其結納之途廣遂妨于庶氣正性進學貽訓士類多[illegible]樂哉即曰寓鼓勵之方于寬恕之餘此曲成之法固然而想夫君子相接時萬物一体之怀則犹未及與也君子念人誰樂爲衆爲不能之類而每如其非賢也非善也吾即雅意遲之彼且望吾之丰標稍出而靡然自遠也胡爲乎故靡以絕之也名高爲物之所畏渾然以相就氣盛爲物之所不降爲以相將此意則衆與不能所永不餒矣又況乎道德之

氣日近必漸歸于文章學問之中鼓舞人才政本者文哉若此者其立心也公其為道也恕自立之子慶吾德之不孤庠祿之夫幸吾躬之有托天下服其學識之精以卓尤賴其性情之寬以弘斯則君子之交也哉斯則余小子于師訓之外奉教恨晚也哉

大主考原評

副主考原評

君子尊賢 二句　　楊開沅

人不皆可與也、君子處之各得矣、夫使盡得賢與善而與之、則其餘安托也、容之矜之、君子所以各得乎、且天之生人而是使獨也、無所容其區別之見矣、然天之生人而是使同也、更無所容區別之見矣、夫所貴為聖賢者、豈在宜其心之所欲哉、世不乏拂意之儔、而我之處之也、皆適、蓋有道焉爾、是在君子、君子知夫可者亦未可槩也、往來者孰為良矣、然既而思之、天下之大、所難也、適非若人也、則亦如其分而已矣、知夫不可者亦未易抑也、然然而行自傷矣、然既而思之、斯人之徒、其能超乎其外者、蓋亦從也、與之偕而已矣、有

從題前遏[illegible]翻生運

如人而賢也其於世未數數然也於衆人中用將尊之衆人之上馬爾誰則不顧人尊者而顧讓彼獨尊乎毋亦有不能自振者乎吾惻之也已而誅之誅之而不得不容之也而善也其在賢者亦恭數數然也人所不能是而彼獨能是固宜嘉其能之獨至馬爾誰則甘為不能者而顧讓彼獨能乎毋亦有不能自遂者乎吾惜之也已而怒之怒之而不得不矜之也天之所以予人者備矣哉無端而區之賢與善之外豈能無競乃自君子過之而曠然釋也彼何間哉萬物並生於天地之間吾第擇其儕焉而其餘皆托諸宇下矣必驕驕焉從而阻之是自隘也乎心而予以兩全之術人人可以相安

一氣說下

筆筆鏡花露

刻刻

摟法筆筆直逼古文

而吾亦無所干損人之所以自待者厚矣哉假令並渾其衆與不能之名豈不更恬乃自君子施之而又不必也彼何憾哉物我共遊于浩蕩之天吾第得其槩焉而其餘固不必過求矣必竊竊焉從而等之猶未化也準量而不為過分之施相比之漸不啓而相激之端亦不開蓋理無全是亦無全非好察而至盡物既絕俗而不可為事惟自足必致自窮因人而留有餘亦怨悔之所以泯苟為不然試觀已之賢不賢而可也

名雋

一句一曲折如入武夷吾亦欲櫂謌其間　大臨云筆力雄健闢簡合縫處尤見苦心

本朝鄉會墨統 論語 康熙壬午福建

君子尊賢 二句

蔡其默

君子合天下以為友、故容與矜自不容已也、甚矣子張之大言交也、賢固尊而衆亦容之、善固嘉而不能亦矜之、君子固若此乎、子張若曰論交而不衷諸君子以為歸則天下雖大無數人焉得以訂同心之雅矣古之君子日與英豪長者相接而群倫亦爭托于宇下夫是以交遊日廣而聲氣之孚且偏天下也爾小子亦聞君子之交乎君子出而天下咸引重焉有道仁人之賞識被之一旦以為榮則樂從之遊矣登其堂而寬然有餘地以相處則雖君子也而未嘗獨標君子之名君子出而天下望而畏焉先生長者之

君子賢二比雅調諧聲入耳渾然

指摘受之終身有餘愧則難乎為之下矣入其門而謁然恒與人以可親則雖君子也而若有共為君子之志今試以君子之交言之以若所云賢固宜尊矣芳規樹于前未有不改容而禮之者即以君子負拔俗之概何嘗不折節名流哉與為推崇可也至于衆若所鄙之而不屑者君子一以兼容收之在衆人方自愧凡陋無是比數一承君子之茹納猶幸高山可仰得出大賢之門也則所以由成者大矣以若所云善固宜嘉矣吉士在吾側未有不琴瑟樂之者即以君子抱不世之姿何嘗不心儀懿行哉與為揄揚可也至于不能若所棄之惟恐後者君子一以矜恤待之在不能方

針鋒相對　字字活　側筆　擊動而字　風韵襲人

仰企高風末由攀躋一承君子之顧將轉覺菲葑不棄亦邀神聽之餘也則所以長育者廣矣標榜聲名之過峻必多樹吝道之敵（清流黨錮雖生屬背）所見者隘則其傷實多試觀君子盛德在躬即小人未嘗不咨嗟奮興而起況班荊贈縞之儔憤時嫉俗之太甚必多致不平之恨（名言可作羣佩）所持者狹故氣類亦孤試觀君子學成于己即往哲猶在知人論世之列何況合志同方之雅是知良楛不無異質皆在造物並生之內稍秀豈能一致總歸膠庠樂育之中此君子之交也而獨不（花華俱有神韵）

聞子

子張不然子夏之拒而以君子之交廣之者來君子原兵辨衆

不能與所謂不可者自別尊嘉容矜亦分低昂輕重於其間非緊曰與之也子張不向其中識取引來闢拒之之說竊以為先自破綻特作文順他口吻便要自成一說吐茹芬芳歷歷齒頰疑坐卧春蘭秋菊之間久而與之化者而重損君子不混入子張本意尤善斟酌

君子尊　蔡

君子尊賢　不能

五名　鄧文鼎

羣英進於君子其量有甚宏者焉夫尊賢嘉善誰不知之所貴者容衆矜不能耳此君子之量有甚宏者歟今以流品之錯出也此亦如賦形焉各肉一一相肖矣即不能渾智愚淺深而一視之亦何至過為區別俾儕類等以自安哉夫誠于精明之中寓渾厚之意使天下成材者有此功而儕類者不終棄斯即聖賢施與之量而亦天地至公之情也吾嘗奉教於君子矣君子之衡品也有慈惠即有英銜雖兼容并包固其素心而天下之為智為愚總莫遁其鑒照之下故慈惡者君子也而英銜者亦君子而君子之育材也有聰明即有愷悌濟旌淑別慝固有其

特識而天下之淺者深者窮愁滯于同仁之域故聰明者君子也而尚

滯者亦君子夫君子固尊与容兼施而嘉与矜互用者也今以人不能

有賢者衆者勢也然天下賢少而衆多今設以愛衆之故而視衆猶賢

則必待賢如衆也人何不樂乎為衆而為賢君子于賢則尊之矜其謙

謙風肯固仰慕惟殷也觀其進退周旋固儀型倍切也而至于衆則亦

渾涵之惟恐遺廣蓄之勿有異要亦本乎尊之意以推之而已夫人惟

已必過隘而疾于謙交者雖不為哲人所非而仍為流俗所短而君子

無慮也賢固感其敬而衆亦樂其寬也以視宅心過隘者何如已今以

人有善而遂有不能者又勢也然天下善少而不能多今設以愛不能

之故而視不能從善則必待善如不能也人何畏乎不爲不能而爲善

君子于善固嘉之聆其直言讜論固稱道勿絶也觀其偏長片技固咨

嗟不置也而至于不能則亦嘆憫之惟恐忘憐惜之不忍絶要亦本乎

嘉之意以施之而已夫人惟居衆過狹而刺于擇交者雖不爲良亦僃

疑而終爲方人訾訾而君子無慮也善固樂其獎劝不能亦喜其包荒

也以視居衆過狹者何如也夫天下理有所通曰容曰矜猶以情言之

耳即不言情而言理以君子而不容誰爲容者以君子而不矜誰爲矜

者彼衆與不能微君子固無与依歸也君子居其厚勿居其薄亦推理

而已矣夫天下理有所趨曰尊曰嘉猶以理言之耳若不論理而論

君子尊賢 鄧

以君子而尊賢安知衆不趨于賢以君子而嘉善安知不能不趨于
役賢与善正君子所並為觀型也夫君子處其廣不處其狹亦其勢而
已吾之設閑如此而頑曰不可若拒之乎

大主考總評

氣象高超筆鋒精銳

副主考評

清矯俊逸迥同凡響

君子尊賢　二句　壬午福建儼墨其一　鄭亦鄒

有廣交之君子天下所以無棄人也夫必賢與善而交之則無以處夫衆與不能者有君子而天下無棄人子張所以為異而述之若曰士生斯世出門以交甚無以有己之見與也天下之大見吾性情之内芬纖所居莫不束脩而從之此固聲氣使然亦有度量焉何則天下之可者十一不可者十九多否而少可者固天道之自然天下之可者過之而神怡不可者望之而心猒貴可而賤否者亦人情之大凡然而君子固賢者也以賢尊賢孰以為衆而難容亦善者也以善嘉善孰以不能而勿矜置賢於衆之中非甚無

後編

識誰不為離羣而絶類也者有賢而尊之尊之所以別衆也又思有道以待賢不能無道以待衆彼自束帛定交以來風期落落其望吾門而進者大率皆中庸以下也君子方以衆與賢者為齊物之論未嘗強分以畛域若曰吾與之無町吾與之無畦焉已爾置善於不能之中非極蒙昧誰不為絶藝而殊尤也者有善而嘉之嘉之所以別能也又思有處善之法不能無處不能之法彼自獻縞盟心之後風軌寥寥其速吾道之成者大故亦委巷之子也君子方以不能與善者為廣已之游未嘗過形其崖岸若曰道隆則從而隆道汙則從而汙焉已爾既不能使德劭才高之倫皆比肩

而上必斥ゝ焉求天下之賢善彼賢者善者各以其意相取豪傑之生未數ゝ然也且使衆與不能無藏身之地既不能使中材下士之賢接踵而至必斥ゝ焉繩天下之衆與不能彼衆者不能皆各以其意相師在醜之爭又數ゝ然也且使賢與善無道廣之且蓋天下人無全是亦無全非既吾德之不孤則矯ゝ者何為天下理有獨得亦有兩可苟斯人之吾與縱由之其何傷若天舉天下之流品而區之別之以樹其風標峻其門牆斯固一流之士非大雅之材也古人所以恥獨為君子也

汎愛親仁聖人分上原無病痛自才高意廣人逆之須得[illegible]ゝ

後編

氣象為上非字下針為下五句引予平放中寓側注夫子小尚

寓予張本於此中儘有秤停若寔寔[illegible]揮死在句下任意傾斜

齊露下意雖使正文絕交之手為之一復何用乎所謂題如輕燕

文如病猶也先生以清整之筆運脫然之思上下四旁無絲毫

不到是古文之極秀者　杭川門人賴錦識

論

君子尊賢　二句　錢三錫

援君子以言交若忘乎可與不可之見焉夫賢固可尊善固可嘉而衆與不能亦未可拒也容之矜之張殆欲即君子以明其異乎想其自述所聞若曰同焉應求之事而必推一人以為獨異者非以其有異乎天下之志而以其有公乎天下之心也蓋在人雖有可不可之分而在己終無可不可之見合天下而胥洽於大同焉而後知其公乎天下者即其所以異乎天下者爾吾蓋追憶所聞而不覺穆然于君子也君子無獨為君子之念則無論同乎君子與不同乎君子者皆為君子之所不遺而何敢以區別過嚴反自傷其大道為公之量君子有共為君子之心則無論賢為君子與未足為君子者皆為君子

之所弗棄而即此樂育維欲自足見其并包一世之思故君子之與人交無所謂可不可也第就世之所謂可者言之而有賢與善焉歛世之所謂不可者言之而有衆與不能者焉以固子夏所爲兢兢辨之者而君子則異是芳規在望人以爲賢也而尊之君子亦以爲賢也亦尊之此固無嫌寡量也第天下品類不齊使必欲槩天下以賢而君子不能獨即欲與天下之賢以拒天下之異乎賢者而君子尤不敢容唯容之而人見游凡流者君子則引為氣類也非君子而何能有此虛公也懿行可風人以爲善也而嘉之君子亦以爲善也而嘉之此固無容圖度也第天下品類紛繁使必欲槩天下以善而君子固有所不能即欲與天下之善以拒天下之未至乎善者而君子

尤有所不忍惟移之而人見以為未及者君子則勉之以所必及也非君子而何能有此公溥也誠如是其公溥也而可與不可與之見亦在所弗事矣天下皆賢與善而君子之交自公天下不皆賢與善而君子之交蓋廣則自有君子而天下胥受其裁成焉此君子所以度越恒流也哉誠如是其虛公也而與之非之之心并可以相忘矣天下皆可尊可嘉之人而交之所及者靡盡天下不皆可尊可嘉之人而交之所及者愈弘則自有君子而天下胥通其志氣焉此君子所以卓絕一世也哉吾得為子先述所聞曰于尊賢而容衆嘉善而矜不能

照定可與不可與立論方是并乎吾所聞一唆且每句中側重下

錢寒安共選真稿 下論

西澗自訂

錢塚安先題真稿　下論　西澗自訂

截○便○覺○與○予○夏○之○言○針○鋒○相○對○併○而○定○[illegible]○[illegible]○江○流○翻ゝ○欲○動○矣○至○其○

筆○酣○墨○飽○氣○足○神○完○可○想○見○行○文○樂○安ゝ神

君子尊

君子尊賢而容衆

錢世熹

述有容于君子君子已非獨交一賢矣夫必賢而後交獨不令衆之交我乎尊之容之君子君子重絕人有如此者且交之為義昉于天地錯于剛柔雖在至人豈能仍其有彼我而無上下哉上于吾者吾在其下吾即以禮下之下于吾者吾在其上吾即以度上之庶交道成而風徽可則也吾所聞蓋聞夫君子君子念人之願交于我猶我之願交于人故不欲見棄于有道、亦不欲人見棄于有道君子念我之獲交于人猶人之獲交于我故不欲自外于勝己而亦不欲人自外于勝己其為所交者不一而尊賢容衆蓋大端也克可之類不獨一賢而最優者無如賢賢而以可月之則失輕失輕則雜乎為上君子不出

題本○是論交攙入交字直入○至○理○奇○文

不○脫○交○字○看○題○有○眼

尊○賢

容○衆

點題渾老

從可字生出賢字

也正其賢之名而以敬為愛厥道居尊豈虛亦與其在詩曰高山仰（出尊○貫）（古○而○遡）止言欽承之不可不隆也君子以之而非曰尚能是是亦足也亢不（不○抹○恕○而○字）（從）可之類不獨一衆而最多者無如衆衆而以不可月之則失重失重（不可○字生出衆○字）（出容○衆）則雖乎為下君子尤不以也正其衆之名而以養為教厥道用容豈强納與其在易曰同人于野言翕受之不可不廣也君子以之則甚矣君子之善交也有其尊之所以處賢者將已有其容之所以處衆（隆采○招○子○夏）者亦將已不混于所施後不臨于所受我將與斯人遊覆載之寬則甚矣君子之善交衆也不見尊于君子而見容何衆之不幸也不見尊于君子而猶見容何衆之厚幸也不敢當其貴亦不甚淪于賤我（無意○不○到）將與斯人覲以斅之量由尊之說尚與予與之之說似也由容之說

已與子拒之之說不似也而況乎其不止此也交之為義通乎上下容眾是令眾之得交于我若子夏所云則止有彼我而已于交之義未備此乃實理拈出甚是奇確文心孤迥則清秋鶴唳差足擬之　門人朱翰

蒼巖峭削非拒之深者也平原曠野千里無際望之不見其畔乃真拒耳此意作者須為輕輕點出盖題意原在眾一邊從可字生出賢字從不可字生出眾字文雖對舉而立言自有斟酌高寒之氣掠紙欲飛傀闈公

君子尊

君子尊賢　不能　　五十七名　蘇　圻

交不必皆賢與善也、君子處之各得矣、蓋賢與善、固所當與、而衆與不能亦何必拒乎、不有君子、孰能處之各得哉、若曰吾窮莫夫吾黨之論交者。從挾一嚴峻之說。以繩天下也。夫天下之人、品類亦不一矣、惟因其人之所至而予以各得之理。斯交道可以善全而無弊。吾之所聞維何、蓋聞之于君子耳、君子知天下未嘗無可者也。同氣者皆相求矣、既而思之。其得與于其中者有幾人。抑懿修之在望、惟有淵洄從之而已、君子知天下未嘗無不蕪僻者行自傷矣、既而思之。其得超乎其外者亦已寡、

之未立惟有納諸度內而已夫彼之所謂可即所為賢以
之所謂不可即所為衆與不能也以君子大道為公使于
賢者而無有不賢者則可以一體視之在君子豈不甚幸
（輕統合類氣甚緒利）
可概也其人而賢者欲于衆之中而有賢固宜尊之衆人之上若
猶是衆也無亦有優游自安故不能成其為賢乎君子未嘗不惜
之惜之則不得不從而容之也以君子胞與為量使斯世僅有善
者而無有未善者則可以同類待之在君子豈不甚樂然而未可
期也其人而善者欲人不能是而彼乃能是固宜嘉其善之獨至
若猶是不能也無亦有不克自振故不能全其為善乎君子未嘗

君子尊賢 不能　蘇圻

不憫之憫之則不得不從而矜之也天之所以與人者備矣哉無端而區之賢與善之外豈能無殘乃自君子處之而曠然釋也蓋量以施而不為過量之事則物我共遊浩蕩之天在賢與善者固樂吾厚而在衆與不能者亦安得議吾刻乎上人之所以自待者隆矣哉一旦而置之衆與不能之列豈能無愧乃自君子出之而恬然安也因物以付而不為絕物之舉則智愚均在茹納之內在尊與嘉者固為吾徒而在容與矜焉者亦安見非吾與乎然則觀于賢者尊之善者嘉之則與之之說猶為可也觀于衆者容之不能者矜之則拒之之說寧為可乎甚哉其異吾所聞也

中二比將賢與衆善與不能一滾說去不覺有側串之痕自佳。此題吳君應鳳程君雲鵠作亦佳而坊人以集臨圍請減去闈墨未見者頗多亦無從搜羅也。

君子尊

蘊　圻

君子敬而無失

司馬毅

為多憂者言君子先於己純其敬焉蓋心不容即憂得而乘之哉

而無失君子所為持己者如此且值無可如何之遇而度外置之

是欲矯情以自鎮究不能離事以自全也夫家庭之際危疑每兆

於猜嫌而和樂實生于謹畏無可奈何而安之若命者達人之通

識也見其難為而怵然為戒者修士之特操也君子豈一切諉諸

天命而漫無主持者哉健行者天貞固所以植其體君子以後天

者奉天而顧玩易承之乎冥漠無聲臭可尋而機緘自為其通復

何得不朝乾夕惕瞿然于明旦之皆天於穆者命緝熙乃以書

神君子以定命者凝命而顧類靡任之乎恍惚無影響可即而
感應弟爽于分毫即何得不臨上質旁悚然於夙夜之基命蓋防
患於未然則不勝其擾而懸而無薄轉覺震蕩而不寧檢身若不
及則如立之監而久而弗渝漸且靜觀而自得其惟敬而無失乎
縱有偃仰自如之境而不受之以節晏安即鴆毒之媒敬所以防
其流也太和在一堂而翼翼者常自盟于幽獨造次而有斁維心
之疚矣匕鬯之所以不驚爾縱有杌隉不安之象而能謹之于幾
修省即彌縫之術敬所以逆其麻也勃谿在一室而廩廩者祗自
愆于寅清永矢而勿諼維性其彌矣視履之所以考祥爾匪曰敬

以息機也弟以憂則授其權於人敬則貞其遇於已不震不動歷
夷險而自容操存即操本披枝事變或生于倉卒而不惴益虞者
儆然設禦侮之具於隱微幽渺之中匪曰敬以寔情也弟以情隨
境遷而憂則為畔據命自我立而敬實為綱維亦保亦臨對衾影
而默泰消息雖投間抵隙釁端或起于庭除而得主有常者隱然
關孔懷之宇于方寸密微之地其在書曰夔夔齋栗其在詩曰赤
舄几几此物此志也
從上節安命說到修其在我纔是聖賢學問本句持己下句接
人本是推開不着兄弟說然為牛解憂從境遇遭變說出益當

題課本初刻　君子敬　司馬

題溪本初刻

敬而無失不是一味憂過日子自是理足切定本句不混下句在內發出敬字之所以然無一凡語無一軟調細膩名貴不入膚僻故可以藥庸淺　滌齋

君子敬而　二句　　劉子壯

處變有道求所以自盡者而已夫不幸有兄弟之變既不能正
又不忍坐視焉君子亦自盡其恭敬乎且骨肉之際難言而憂患
之來莫禦惟力修其詳慎而不闕以端則雖于事勢不必有濟而
其守身者亦善焉其惟君子乎蓋能安命者君子也能盡道者亦
君子身居體分之尊則秉正以臨之或有不率亦以法治之耳而
敵體者則用法有所不行事係國家之大則聲義以治之或有頑梗
亦以術馭之耳而同體者則用術有所不忍惟不忘恭敬焉道盡
是矣吾與彼既有異趣其言動皆易忤也而君子則自守以敬

古來不善之人豈必由其天性常競於意氣之勝而赳赳烈若敵積其誠而無敢失色無敢失辭則意氣于焉胥泯此亦見守身之方矣彼于吾誠有殊性其應酧皆難測也而君子又與人以恭焉天下靡常之人豈必有所觸作常起於來往之細而成隙若恭以謹其節而以禮之人以禮之身則間隙不生其際此亦見入世之寬矣且夫敬非難敬而無失者為難也無失則純乎敬矣純乎敬者可潛化驕矜于睹對之地矣在同氣耳吾之性情即彼之性情終日儼若而謂無以少動於中焉有是情乎且夫恭非難恭而從若為難也有禮則安乎恭矣安乎恭者可以杜絶嫌怨于疑似

（閱歷有得之言）

（切中世情）

（真摯語何可多得）

之間既關一體耳吾之舉動即彼之舉動隨處謙和而謂無所少（感化挽回其道甚大）救于事焉有是理乎古有齊變之君子無敬非恭不以傲弟殃（二股才思滑膩覺有手處字亦有意思）故能出入于水火而益致其相親豈謂事有可危遂無自全之術古有孫膚之君子無恭非敬不以叛兄危也故能感動風雷而各發其天性豈以勢有難挽徒為不急之憂乎亦學為君子而已矣

號恭敬處論理亦論情一語落紙俱含悱惻文直須如此做來方免陳言不切讀至吾之性情數語使人觀愛之心油然生矣

君子敬　劉

君子義以爲上

閩縣學附考 丁縉

試[illegible]城一名

義極于無以上。君子之所尚者在此矣。蓋義以爲上。而間別無可尚者矣。其斯以爲君子乎。嘗思天地之際。吾其體天地之帥吾其性。故一人之身。氣也。而理宰乎其中矣。理既宰乎其中。此任理不任氣者之足尚也。子謂君子尚勇。子亦知夫義乎。義者心之制存此心則吾身之理。皆天地之理。固者乃有以貞夫至一而莫測其端倪。義者事之宜。體此事則吾身之氣。皆天地之氣。純者斯有以馭夫至變而莫窺其錄類。故君子之爲尚也。必以義也。天地剛方之氣。凝而爲義。事日來而義日從。君子於此有先識焉。耶無

試牘洛音　　論語

所以其睹日無所矜其明、心思無所矜其智慮而所主者祇是吾

性吾命之真宇宙萬變之數約之惟義事至紛而義主一君子於

此有定力焉耳即有所逞其聰目即有所逞其明心思即有所逞

其智慮而所持者無非正誼明道之本以制其心以立其體達之

動靜日用之變化而裁之推而行之則聰明才藝不以意氣勝而

以進德業矣以直其內以方其外極之萬感紛投之頃而經事知

宜變事知權則智名勇功不以浮氣出而以天德全矣義既與人

俱生吾性中自有定理也義固與人俱成學問中自有人功也學

若於此精義以辨之集義以養之準義以行之以全本體之真以

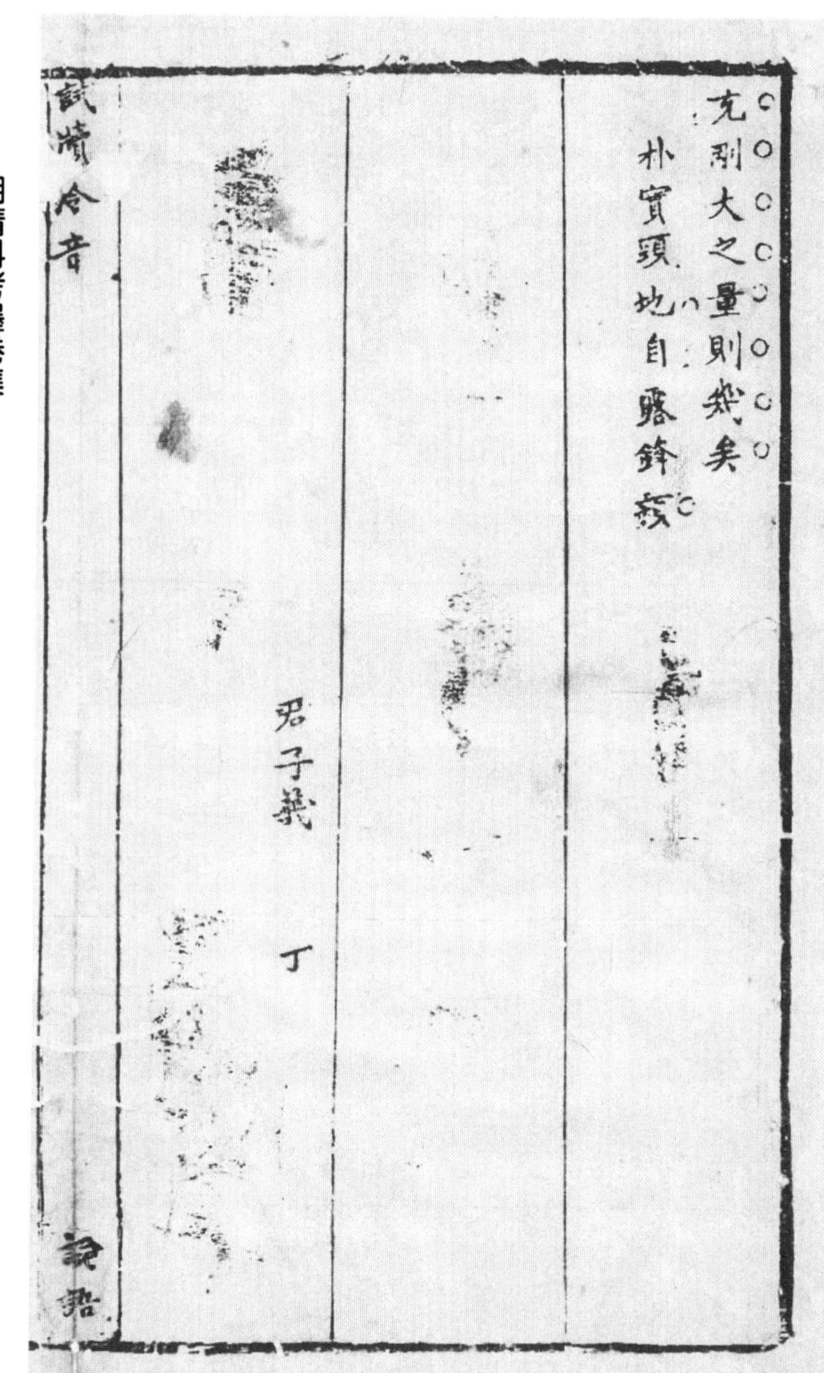

克剛大之量則幾矣。朴實頭地自露鋒穎。

君子義　丁

試牘含音　論語

君子義以為上

王錫爵

且夫人有恒言任大事惟勇決大疑惟勇君子亦何嘗諱言勇也第
勇而曰上將視吾性中無尚於勇者究且勤一生而奉之乃役于自
虛說上義
有奉矣而勇在其中焉又將視人世中無加於勇者究且挫萬物而
奇之乃君子自有守矣而勇出其外焉是故吾不知君子之上勇否
也而但知君子之上義義者利也定利物不主勝物義者宜也宜以
理用不為氣用君子以學術融其氣質辨義之術精矣術精則不為
愈甚 上字意
岐路所惑而是非取舍一惟此義為之權衡以沉潛佐其高明秉義
之力定矣力定則不為客氣所使而盈縮變化一惟此義為之主宰

其慕義也若飢若渴又若懸的於此而期之必赴者于是有以剛克

（切上字意　義內有勇）

柔而任人之所不敢任固義也固所以善用其勇也其畏義也若愚

若怯又若立矩於此而範之不踰者于是有排剛為柔而忍人之所

不能然亦義也亦所以善養勇也事交於前有成有敗而君子終身

之率履止此蕩蕩平平之路焉無排無成亦無諱敗將有力可推三軍

澀可輕千駟者人莫不壯君子之能勇而君子無勇功也彼其見義

之大則萬物皆小乃直養後之六合精神已增還於外有利有害而君

子一念之持循止此不茹不吐之則焉無趨利亦無避害將有誅當

前不懾詘在後不羞者人又思賈君子之餘勇而君子無勇名也彼

其見義之重則萬物皆輕乃守約後之真事業只信乎義可以乘勇
勇但可以配義而世有斷斷以勇爲上者幾何其不流爲亂且盜歟
此處言義要須配勇泛講者何鍵模糊畢竟歸乎扣着偏部
人皆能用辨義棄義等語文能就此透出上字故無一語浮泛

君子義　王

君子義以為上

馬世奇

君子妙勇於義無以尚之者也蓋天下莫勇於義、義之為上者、無以尚矣、人何尚勇之有、夫子語由意曰子無輕言君子之尚也精神之注向甚專而名理之範圍更嚴乃子且曰尚勇夫尚勇而勇上（就上字轉出義字）矣而君子不以為上也蓋君子不驕一念之勇以為上而總一身知劉知柔之合宜者以為上并不標一身之勇以為上而合一世所獲所視之各得者以為上上惟有義焉耳當力之所駕似莫猛于無主之縱橫而義法君子不避其快也平生無欲之剛一無所受而受節制于義（勇在其中）蓋惟于義受而于境始不受也其卓然萬境之上者固義以為之也至意之所堅似莫銳於有主之適莫而義彌君子不居其銳也平生不息之從一無所徇而徇變化于義抑惟於義徇而于情始不徇也其於然萬情之上者亦義以為之也義所當為者君子因之求上達不妨以兼人之進運其取裁之妙而凡紛出之是非毀譽可消吾正氣者皆下矣義所不當為者君子因之恥上人不妨以闕如之含鎔其率爾之形而凡假設之精華果銳可佐吾客氣者皆下矣蓋天下有主持宇宙之人君子為之天下有主持君子之理義為之義為一己之坊表則君子辨義者精義為天下之坊表則君子運義者大一子亦令義上勇非勇上義

即借子路事映合

義內有勇

矣。

蒙引云。不必說勇合于義為上。只專說合義。不言勇而勇在其中。蓋夫子本為子路好勇。而教之上義。若說勇合于義為上。是仍教之尚勇也。篇中專就義字洗發。極言其當上。最得題肯。

君子義

君子義以為上

汪文宗歲取漳州府學一等一名　莊斗寅　玉衡　補廩

為問勇者言義可以得所尚之正矣、夫勇以義為主有義而勇可
無言也由有志於君子可不於義得所尚之正乎且吾贊易而有
取乎直方之文似君子亦尚確乎不拔之勇矣然不第言直方而
必曰義以方外則於確乎不拔之中原自有粹然至善者以為之
宰甚未可以得乎其粗而不究其精也由以尚勇問君子乎是謂
第無問可否惟以悍然一鬭為得則君子之林矣乃或時有害綱
嘗之大而君子寧為甚與毋為其壯者何也是謂理無論是非惟
以果敢直前為無忝君子之稱矣乃或時有傷名教之美而君子

益為其所毋為其夫脊何也夫亦曰義之所在君子有不敢輕用其勇也耳則義以為上而已以義之可為而非逡巡退縮者所敢為也君子於義有時乎亦配以氣然氣以義為本氣粗而義精也稍義而氣亦有以自馳故當其為人所不敢為人謂君子之氣壯矣而不知詩書所執陶有卑精其義於居今稽古問者原非任氣之徒所可幾也而何弗尚焉以義之當行而非委靡不振者所能行也君子於義有時或亦輔以力然力以義為歸力形下而義形上也有義而力亦有以自正故當其行人所不能行人謂君子之力強矣所必勇而不知特循有早正其義於知能行習中者更非任

力之嘗所可及也。而何弗尚焉。蓋義者心之裁制也。惟為心之裁制。故宰乎氣而不乘乎氣。君子以之為上。則上可以正君。下可以正民。而地義天經。由斯以立。抑義者事之權衡也。惟為事之權衡。故用其力而不遑其力。君子以之為上。則內以之正已。外以之正人。而民彝物則。由此以明。易以精義。非上之無以為精。禮曰盡義。非上之無以為盡。由欲學為君子。亦以理義之公。化血氣之私焉可耳。尚勇云乎哉。

大師柗雨劉汪洸洪子原評

氣局沖和義蘊昭晰